那 **485** 天，我們一起埋鍋造飯的日子

Those 485-days which we protested on the streets together

八百壯士紀實

The True Record of 800 Warriors

楊建平博士———主編

郝院長 序
珍貴的歷史紀錄

郝柏村

　　蔡英文總統於民國 105 年 5 月 20 日就職後，以意識型態治國，高調公然鼓吹台獨思想，激化國內政治對立，造成兩岸情勢緊張，外交亦陷入困境。另蔡政府藉民進黨籍立法委員在立法院人數過半之優勢，設立「總統府國家年金改革委員會」等體制外之黑機關，對軍公教進行溯及既往及違反信賴保護原則之「年金改革」，因而引發中華民國社會運動史上首次退休軍公教人員被迫走上街頭的全面抗爭。

　　面對蔡政府違憲違法、不公不義、污名化的「年金改革」，退伍軍人袍澤基於「護憲維權」理念，以「捍衛中華民國、恪遵憲政體制；堅持不溯既往、維護軍人尊嚴」為宗旨，效法八年抗戰初期松滬會戰中，八百壯士死守四行倉庫的奮戰精神，成立「八百壯士捍衛權益指揮部」，自民國 106 年 2 月 21 日起於立法院大門口搭設帳棚，進行全面、長期的抗爭。

　　「八百壯士」抗爭的目的不是為了個人的退休金，而是要捍衛中華民國與中華民國憲法。在 485 天櫛風沐雨、埋鍋

造飯過程中，「八百壯士」充分發揮犧牲、團結、負責的黃埔精神，展現革命軍人刻苦耐勞、堅持到底的決心與毅力，贏得海內外退伍軍人的認同，以及社會大眾的尊重。「八百壯士捍衛權益指揮部」在民國 107 年 6 月 30 日轉型為為社團法人「中華民國八百壯士捍衛中華協會」後，繼續承擔責任，團結三軍退休袍澤，共同為「護憲維權、捍衛中華，維護公義、消滅台獨」奮鬥不懈。

欣聞「八百壯士」將堅持之「捍衛中華民國及護憲維權」理念，以及一年多來的抗爭歷程，以圖文並茂、理性論述方式，忠實記載於《那 485 天我們一起埋鍋造飯的日子 — 八百壯士紀實》一書中，為中華民國憲政史上首次退伍軍人走上街頭、表達訴求，留下珍貴歷史紀錄，柏村做為一個老兵，非常珍惜能與昔日戰友袍澤共同撰寫這一段歷史，並肩為捍衛中華民國及憲政體制貢獻心力。

我們不信公理喚不回，不容青史盡成灰，期許「八百壯士」袍澤堅持信念，繼續為捍衛中華民國及憲法、維護軍人尊嚴與權益、徹底消滅台獨而努力，為捍衛中華民國 2300 萬人民的自由、民主、法治及經濟發展，為完成中國統一而奮鬥。

百歲將軍許歷農上將 序

歷史見證

　　過去兩年來，三軍退伍袍澤面對蔡英文政府的違憲、違法「年金改革」，本著「崇法」、「團結」及「堅持」的信念，以憲法的「信賴保護」及法律「不溯既往」原則為抗爭之基本論述；團結陸、海、空、政戰、國防管理學院、國防醫學院、中正理工學院各院校，以及正期、專科、專修、軍訓教官、女青年工作隊等期班畢業生，發揮「親、愛、精、誠」校訓，無畏民進黨政府濫用國家機器進行的污名化政治鬥爭。三軍退伍袍澤不分將校、官士與性別，相互包容與體諒，出錢出力、犧牲奉獻，大家團結一心，採取一致之行動，朝共同目標努力。在為國家的信譽、軍人的尊嚴與權益而奮鬥期間，「八百壯士」的三軍袍澤們，充分展現革命軍人堅持到底的恆心與毅力。

　　自民國 106 年 2 月 21 日起於立法院旁搭設帳棚，進行長達 485 天長期抗爭的三軍袍澤，以尊重歷史之態度，將過去一年多來抗爭歷程之相關活動、報導、論述、檔案等文字

及圖片資料，蒐整於《那485天我們一起埋鍋造飯的日子 ─
八百壯士紀實》一書中，此書將為中華民國現代史之重要文
獻，為中華民國憲政史上首次軍公教警消退休人員走上街頭
依法抗爭，留下珍貴歷史見證。

　　在變動的國際、區域及兩岸形勢中，政府一切作為應以
追求國家利益及人民福祉為依歸；特別在因應兩岸關係上，
除了「兩岸同屬一個中國」之民族主義情感訴求外，亦要理
性、務實地面對客觀形勢的現況及改變趨勢，以「求同存
異」的包容精神，依據中華民國憲法，追求「互利雙贏」的
共識。

　　目前「護憲維權」目標尚未達成，大家應堅持信念，繼
續奮鬥不懈；不達目的，誓不終止！期許「中華民國八百壯
士捍衛中華協會」繼續團結三軍退休袍澤，為捍衛中華民國
憲法、維護軍人尊嚴與權益而努力。我做為一個百歲老兵，
雖然身體行動不便，但在精神上定與全體三軍袍澤常在，共
同奮鬥到底！

許歷農　時年一百歲

洪主席秀柱 序

力爭公道的精神永不凋零

　　2016 年 5 月民進黨政府上台後，直言軍公教退休制度如果不大刀闊斧進行改革，則基金瀕臨破產，全體受害。退休制度設計如有缺失，或不足永續支應，相信廣大的軍公教，都願意共體時艱、尋求解決。然而，民進黨政府卻以倨傲的改革姿態，不斷藉由污名化軍公教，製造社會不同職業別及新舊世代的仇恨與對立，放任有心者以言詞羞辱一生奉獻國家的退休者，甚至以「米蟲」、「不公不義」、「拖垮財政的貪婪者」等予以人格污衊，此對將榮譽與風骨視為第二生命的退伍軍人，怎能不憤恨難平、深感痛心！

　　年改過程的偏頗、羞辱、粗暴，導致軍公教的抗爭愈趨激烈，之後形成八百壯士活動的濫觴。軍人，是國家抵禦外力入侵的重要力量與基石，其重要性不言可喻，過去的國軍精實案，已造成軍中袍澤對於軍職信念的動搖，如今民進黨粗暴的年金改革，更嚴重傷害部隊對國家的信任與忠誠，即使之後軍改方案與公教兩者切開處理，但民進黨對軍人形象

之斲傷，已重挫軍心士氣，而最後軍改只是將破產延後，如此改革又怎令人信服？！

　　於八百壯士活動期間，秀柱多次前往探視這些曾站在第一線保家衛國的長輩先進們，看他們頂著寒風，守著帳篷，為的只是堅持一個合理的對話，一個合理的制度。他們不解的是，年輕時相信國家給予的承諾，相信日後國家會照顧他們的退休生活，為何投身軍旅、為國燃盡青春數十年之後，不僅政府突然無情背信毀約，社會的責難更如排山倒海而來，但，這群人一生為國家犧牲奉獻、不偷不搶，一切照著國家的制度走，何以年老後卻要遭受如此羞辱與責難？

　　更令人沉痛的是，繆德生上校在一次抗爭中犧牲了生命，留給親友與袍澤萬般的不捨與痛惜！倘若人民可以安穩過日，何苦去翻牆抗議？倘若這個政府願謙卑傾聽，何以有人不顧危險也要誓死抗爭？大家齊上街頭、大聲吶喊、守在帳棚、永不屈服，無非只為爭一個「理」字！

　　八百壯士的抗爭，對多數芸芸眾生，或許只是民進黨上台後諸多陳抗事件中的一幕，隨著時間流逝，恐自許多人的記憶中漸漸抹去。所幸，八百壯士活動在指揮官吳其樑將軍

及副指揮官吳斯懷將軍堅持下，決定將八百壯士活動前後的事件做一完整紀錄，期能於炯炯歷史上留下風霜傲骨的印記！

把事件集結成冊，透過文字跟照片，得以留傳後世，這是一群保家衛國的軍人走上街頭的故事；這是一個有關政府承諾卻又毀諾的故事；這是一個高舉公平正義卻挑撥對立的故事。後有研究者，或許可以從這本書中，給予八百壯士一個更公允的評價。

如果為政者不能以同理心面對人民的感受，八百壯士絕不會是最後一個事件！面對軍人年金改革，還有漫漫長路，期待這條道路的盡頭，最終能有雙贏的結果。謹藉序向參與八百壯士活動的軍人弟兄們，說聲：各位辛苦了！老兵不死、八百壯士，力爭公道的精神也永不凋零！

洪秀柱　中華民國 108 年 5 月

立法院中國國民黨黨團　序

守護中華民國憲法的尖兵

　　左傳云：「信，國之寶也。」呂氏春秋·貴信篇說：「君臣不信，則百姓誹謗，社稷不寧；處官不信，則少不畏長，貴賤相輕；賞罰不信，則民易犯法，不可使令；……。」沒有國軍誓死保衛台灣，哪來經濟奇蹟？又哪來政治奇蹟？國會又豈能民主論政？

　　民國106年民進黨二次執政，藉軍、公、教、勞的年金制度問題大興改革，逾越政府憲政體制，不顧法治國家法律不溯既往與信賴保護原則，對軍公教警消人員大幅刪減退休給付，立刻激起強烈的反彈，同時也撕裂了社會的和諧；退伍軍人在吳其樑、吳斯懷兩位將軍領導下，自發性組成「八百壯士護憲維權指揮部」，為抗議政府違法背信刪減退除給與，號召各軍事院校、校友及諸多海內外社團組織，對蔡英文政府鋪天蓋地的污衊軍公教，抹煞退休軍公教人員對國家的貢獻，不顧國家憲政架構與法治基礎而逕行粗暴改革，人人義憤填膺，熱烈響應，接力輪值。

　　「陸海空軍軍官士官服役條例」於 107 年 6 月 20 日在民進黨多數暴力下表決強行三讀通過，八百壯士護憲維權指揮部帶領退伍軍人前後在立法院大門口紮營共 485 天，參加輪值及多場抗議政府違憲背信活動更高達數 10 萬人次，在中華民國歷史上實為首見，政府對於軍人對國家的貢獻極力抹煞，也是舉世絕無僅有；國民黨團自始肯定軍公教警消人員對國家社會安定繁榮之貢獻，尤其所謂軍人年金改革攸關現役、退役軍人退休撫卹權益，對國家兵源之召募、軍心之穩定、戰力之強化均有極大影響，一再地配合召開記者會控訴改革違憲違法，運用議事策略與技術，維護軍公教警消人員權益；然蔡政府在上任之初，曾高喊「謙卑、謙卑、再謙卑」的口號，號稱最會溝通的政府，但在所謂的年金改革過程中，變成粗暴、粗暴、再粗暴，一次一次的卑劣欺騙手段，不斷造成退伍軍人的激憤，釀成多次重大陳抗事件，甚至造成繆德生上校意外殞命。

　　八百壯士護憲維權指揮部在立法院正門搭棚，埋鍋造飯長達一年餘，期間多次發動上萬人大型抗議活動，展現護憲維權決心，認為退休撫卹是國家對軍人的承諾，唯完全未獲

蔡英文總統重視回應。國民黨立法院黨團特別成立「軍人年改專案小組」，由費鴻泰委員擔任召集人，林總召德福、李書記長彥秀及曾首席副書記長銘宗、外交國防委員會江啟臣、馬文君、呂玉玲、林麗蟬及司法法制委員會吳志揚、林為洲、許毓仁、王金平等相關委員會委員組成。「陸海空軍軍官士官服役條例」修法審議期間，專案小組密集與八百壯士指揮部溝通聯絡，持續透過記者會充分向國人說明並將其訴求以國民黨黨版正式提出。外交及國防、司法法制委員會聯席審查期間，黨團發出全體委員甲動，以軍改案既無精算報告，也並未與相關退伍軍人團體充分溝通取得共識，根本是「欺負退役，欺騙現役」的惡法，國民黨團發動數次攻防欲暫緩本案之審查，皆因民進黨仗勢多數暴力未果，全體委員遂逐一冗長發言聲援，挑燈夜審留下國會紀錄。至院會二讀歷經五次協商，針對刪除 18% 優惠存款、調升起支俸率、最低保障金額、法定提撥費率、自願退伍機制、離婚配偶年金請求權，滾動式調整機制、再任公職停俸標準，撫卹金請領標準、遺屬年金支領條件、施行日期等關鍵性條文，黨團委員均積極出席發言力挺；嗣於院會再發動罷佔主席台，

並以「錯誤年改，拒絕背書」大型海報強力訴求，杯葛延後法案審查，另再強力要求協商盡力爭取包括：月退俸低於3萬8990元樓地板以下、因公傷殘、85歲以上及校級以下退伍軍人優惠存款18%不予調降、明定政府每兩年編列預算200億元挹注退撫基金，十年編列1千億元等條文修正，以落實照顧弱勢及基金撥補責任。付諸表決的重大爭議性15條條文，國、親兩黨團38席均全員出席，力拼未來爭取釋憲空間。

八百壯士護憲維權指揮部感受國民黨團對軍人權益之高度重視與支持，除親赴黨團表達感謝外，並請黨團繼續支持後續釋憲之聲請；國民黨團總召江啟臣、親民黨團總召李鴻鈞及無黨籍高金素梅委員共同發起連署成案，「陸海空軍軍官士官服役條例」釋憲案，已由司法院大法官會議正式受理。

在這段可歌可泣的歷程中，民進黨不斷採取國會鴨霸暴力，強行通過諸如：前瞻基礎建設條例、水利會改制、勞基法再修、不當黨產處理條例、促進轉型正義條例…等等，懸殊的國會席次比例，造就了假民主真獨裁的民進黨；然

八百壯士指揮部以護憲維權，糾合海內外愛護中華民國忠貞志士，不斷抗議蔡政府違憲施政，在混沌晦暗的世代保有一絲燭光，讓捍衛中華民國的熱血持續迴盪人心。

107 年 11 月 24 日九合一地方選舉結果，人民已徹底否決了二年多來蔡政府的施政，八百壯士護憲維權指揮部捍衛中華民國，發揮撥亂反正，守護憲法之效；然選舉結果並未改變民進黨不當施政思維，持續與人民做對，罔顧民生經濟，恣意挑撥兩岸關係，挾戰爭以恐嚇人民，倒行逆施終將為人民所唾棄；值此，期許「八百壯士護憲維權指揮部」轉型後之「中華民國八百壯士捍衛中華協會」，秉持協會宗旨繼續做為守護中華民國憲法的尖兵，共同為中華民國的永續和平發展貢獻心力。

陸軍上將陳鎮湘　序

不容兵魂銷盡國魂空

　　套句「這個國家」領導人蔡英文的話：「若不是忍無可忍，誰願意上街頭抗爭！」的確，一輩子將青春年華奉獻給中華民國，是國家建設進步動能與社會安定力量的軍、公、教、警、消退休袍澤，從來沒有想到有天，會被民進黨這個違憲違法的政府，假年金改革之名，行清算凌辱鬥爭之實，合法權益遭剝奪與尊嚴被踐踏，不得不走上街頭，鳴鼓而攻之。

　　今日現役，就是明天備（退）役；蔡政府出爾反爾，違背「不溯及既往」與「信賴保護原則」，對軍公教警消退休袍澤的無情砍殺，將是現職人員的未來寫照，熱血豪情勢受影響而崩解，「兵魂銷盡國魂空」，非國家之幸，人民之福。

　　「真理愈辯愈明」！政府將國家財政困窘，歸咎年金排擠所致，這是不公、不平、不義、不負責任與不道德的說法，不僅造成社會階級嚴重對立與世代矛盾，破壞和諧團結，而且也僅是殺雞取卵，完全無助改善財政的下下之策！

　　回想台灣過去曾是亞洲四小龍的龍首，中華民國是世界外匯存底最多的國家，曾幾何時現已變成財政捉襟見肘的國家，原因無他，就是財政紀律失序出問題、政客亂開支票胡亂灑幣、政策錯誤等因素所致。尤其，政策錯誤更是浪費民脂民膏，如核四時而停建、時而再建，現又封存並將燃料棒送還美國原廠，不但已浪費幾千億，還要因違約被罰 35 億元；與八年 8000 億元開支相較，完全判若天壤，在在說明錯誤政策的可怕。

　　誠如美國前總統柯林頓所言：「笨蛋，問題在經濟！」今天國家出現財政困窘，問題就是經濟陷入困境，政府存在的目的，就是盡力謀取人民福祉，創造利多環境，蔡政府應放棄意識型態，想方設法提出振興經濟的策略與積極可行的活水作為，財政問題自然迎刃可解，恢復昔日榮景，而不是毀信背諾，對國家最為忠誠、理性的軍、公、教、警、消的退休袍澤，視為污名化的霸凌祭品。但可嘆可悲的是「這個政府」一意孤行的「聯美親日抗中」政策下，不僅使台灣經濟發展愈發艱辛，同時也造成兩岸關係的冰凍，大失民心，這也是 2018 年「九合一」大敗，無疑是軍、公、教、警、

消退休袍澤與人民給民進黨政府的當頭棒喝。

「團結沒有什麼大道理，就是站出來！」為維憲護法，「反污名、要尊嚴」，爭取合法權益，民國 106 年 2 月 21 日，「八百壯士」開始在立法院前搭棚設帳，埋鍋造飯。歷經 485 天的長期抗爭，不分男女與老壯，風雨無阻，24 小時都有各軍校各期班校友自動自發來輪值，每天隊伍整齊，邁開雄健步伐，高舉青天白日滿地紅國旗，嘹亮歌聲響徹雲霄，雄偉身影在浩瀚蒼穹下顯得格外耀眼，彷彿回到從前那段熱血澎湃的英雄歲月。尤其，許多遠從世界各地專程回台出錢出力，共襄盛舉的先進情懷，以及繆德生烈士大義凜然的犧牲情操，更是令人感動、感佩不已。

今《八百壯士紀實》付梓問世，不僅詳實記錄 485 天，我們一起埋鍋造飯，「那場美好的仗已經打過」的點點滴滴，值得你我一起回味，而且也可讓世人深刻感受到軍公教警消在中華民國社會運動史上，首次走上街頭的怒火與親愛精誠的團結精神。

陳鎮湘 中華民國 108 年 5 月

海軍上將伍部長世文　序
爭取退役軍人之尊嚴、
榮譽與權益而奮鬥

　　民國 105 年五月民進黨甫掌政權，以所謂「轉型正義」
為名，強勢推動「一例一休」、「年金改革」、「不當黨產」
等一連串抄家滅族施政措施，涉及對象包括勞工、企業家及
軍公教警消退休人員，影響層面既廣且深，一時造成社會極
大反彈，紛紛以行動抗議，表達不滿；政府則以多層拒馬、
鐵絲網及警察人牆對付，造成社會各階層嚴重對立。當年五
月底，在總統府設立「國家年金改革委員」，唯參與之軍系
委員在會中表達之意見未能得到認同，甚至軍公教退休人員
不得已雖舉行「反污名，要尊嚴」大遊行等抗議活動，亦未
能得到政府善意回應，依然堅持強勢進行修法作為；繼而退
役軍人在氣憤難平、群龍無首、徬徨無助之際，一群熱血
青壯退將，效法抗日戰爭堅守上海四行倉庫陣地八百壯士精
神，以「八百壯士護憲維權」為名，民國 106 年 2 月 21 日
於立法院前搭架帳篷埋鍋造飯，除表示抗議，並藉以監督違

憲臨時組成之「年金改革委員會」，爭取軍人尊嚴與榮譽，獲得海內外三軍退役袍澤乃至公教退休人員熱烈響應支持，不僅解囊襄助，並以實際行動參與帳篷區全天候輪值，全程共 485 天。寫下退休軍公教退休人員走上街頭抗議政府施政作為之首頁。

所謂「年金改革」，主以軍公教警消為對象，以違反憲法及違背法律不溯既往原則修法，大幅砍降政府核定之退休金。執政黨藉國會立法委員人數優勢，強行修訂相關法規並雷厲執行；尤其是少數執政黨立法委員在國會殿堂批判退休軍人是米蟲，肇生軍人合法權益受損，且無端遭受惡意污衊，不僅剝奪軍人榮譽、毀損軍人尊嚴，更置國軍衛國職志與戰力於不顧，只為達成剝奪退役軍人既有權益之政策目標。

憶及七十年前政府播遷來台初期，亦即對岸建政初始，在其「解放台灣」、「血洗台灣」口號下，台灣處於風雨飄搖、岌岌可危險境中。幸賴政府堅定領導，以及軍公教人員堅忍為國，同心協力，耐勞刻苦，全力投入衛國復國使命，方使對岸未能得逞，社會情勢得以穩定；復在整軍經武之

際，併同推行民主憲政、實施土地改革、推廣教育培育人才、逐步發展經濟，以建設台灣成為三民主義模範省為施政首要目標。政府施政作為，乃能在民國七十年代獲得傲人成就，使台灣成為亞洲四小龍之首。然而，在全民享受早年歷盡艱辛始獲得成果的當今，不良政客卻刻意掩蓋這段史實，惡意攻訐批判半個世紀前的事實，藉以挑撥是非與世代之情感，置撕裂社會於不顧，其叵測居心，違憲違法之舉措，自難獲得全民認同。

違憲之惡法於民國 107 年 6 月 20 日完成立法，旋即於 7 月 1 日倉促施行，「八百壯士指揮部」乃成立「中華民國八百壯士捍衛中華協會」，轉型社團法人，繼續為爭取退役軍人之尊嚴、榮譽與權益而戮力奮鬥。協會以抗日八百壯士堅忍守土之大無畏精神做為榜樣，堅信必能早日達成創會目標！

吳世文　中華民國 108 年 5 月

黃埔楷模當之無愧

一個自詡民主、自由、法治的政府，卻在掌握政權後，悍然違憲曲法，漠視民意、杜絕溝通，恣意剝奪人民財產，甚至，在人民維護其權益時，刻意予以醜化、羞辱，這種大開民主倒車乖張之舉，讓人不禁要問：「這是個什麼政府？」

中華民國政府在對日抗戰勝利後收回了台灣，政府遷台後，當年雖然面臨著兩岸軍事對峙的緊張局勢，但仍持續在這片百廢待舉的土地上努力耕耘，加強軍經建設、普及教育，在社會安定、經濟起飛的基礎上，毅然堅持行憲、推動憲政。

大有為的政府當然要有公忠體國的公務人員，而國家安全，社會安定，教育文化提升更需要肯犧牲奉獻的軍警教育人員，這些早年為國家生存發付出心力的所謂軍公教人員，更是國家要依法依約保障其退休生活安享晚年。多年來，政權幾次更迭，但政府均能依循退休制度，照顧著昔日解甲歸田的榮民及退休的公務員。

台灣歷經多次政黨輪替後，民主政治已漸趨成熟。未

料，民國 105 年民進黨蔡政府執政後，廣設黑機關，刻意對前朝政府進行清算鬥爭。民進黨政府陸續成立了十三個任務編組型態的非編制機構，諸如「總統府國家年金改革委員會」、「不當黨產處理委員會」、「促進轉型正義委員會」、「行政院年金改革辦公室」等，這些機構刻意選用符合其政治意識之人員，執行特定任務，悍然侵犯政府法定公務單位及人員的職權，並規避立法、考試院之監督，遂行其違憲、玩法之政治企圖。尤其藉口年金改革，違約剝奪已退休的軍公教人員退休金。這讓仰賴退休金生活的老人們情何以堪？

　　軍人戎馬一生，退休養老，餘年有限，際此頤養天年之時，橫遭違憲惡政無理侵權，對這種違背憲法信賴保護原則及違反法律不溯及既往之法治原則的損及個人益之惡行，當然不服！但當面對掌握公權力的強勢政府，溝通無門，訴理無效，軍公教警消人員，終於被逼得走上街頭。三軍各校校友們發揮黃埔親愛精誠的革命精神，一致團結於八百壯士護憲維權指揮部，在吳其樑將軍暨吳斯懷將軍領導策劃下，持續街頭陳抗了 485 天，創下中華民國史上民主陳抗時間最長、規模最大的紀錄。

　　這次陳抗活動期間唯一的憾事應屬繆德生烈士的犧牲，痛失摯友，令人惋惜，繆烈士勇於任事、臨陣當先、為所當為的犧牲精神，殊值吾人敬佩與懷念，黃埔楷模當之無愧！

　　陳抗活動全程，個人多次率團結協會、空軍校友會、退將總會的同志們參與輪值，深切體悟到力抗惡質強權時的艱辛困境，若非主事者「矢志定向、堅持初心、團結志友、全力以赴」，此次護憲維權的正義陳抗活動，恐未必能長期為之。國父孫中山先生曰「革命尚未成功、同志仍須努力」，釋憲之門將啟，務須護憲維權。民國109年（2020年）將會是美好的收割之時。

　　中華民國八百壯士捍衛中華協會吳理事長鑑於此次陳抗活動深具時代意義，費心彙整了485天陳抗期間指揮部成立與發展過程及其領導之各項活動圖文資料，以紀實方式彙編成冊，期能入史為證，以揭穿蔡政府用溯及既往手段，行違憲亂法、清算鬥爭、無德虐民之惡政。

　　謹向參與陳抗活動，長期付出血汗淚水的袍澤們致敬，並以此紀實告慰壯烈犧牲的繆德生烈士在天之靈。

夏瀛洲　　中華民國 108 年 5 月

「八百壯士」指揮官吳其樑將軍　序

護憲維權　撥亂反正　凝聚軍魂　捍衛中華

　　民國 105 年 5 月 20 日民進黨取得執政權後，旋即宣布
著手施行「年金改革」，政府部門直接指定「中央軍校校友
總會」及「中華民國退伍軍人協會總會」各自遴派一員擔任
「年金改革委員會」委員，最後僅有本人參加成為唯一代表
退伍軍人發言委員，並委請吳斯懷、葉宜生將軍兩位擔任代
理人。

　　經過 20 次年改會議僅換來一句「軍人職業特殊單獨處
理」，會議討論皆無交集及共識，甚至用政治手法區隔軍與
公教，以致後續四次分區座談與一次國是會議均在軍公教抗
爭下，草草結束，使號稱「最會溝通的政府」在視法制為無
物，蠻橫抹黑霸凌的思維下，已蒙上其終將失去民心信任及
社會紛亂的潛因。

　　全世界先進國家都不乏有體制改革例證，唯任何改革均
有一項簡單不變的鐵則：「今天改革一定要比昨天更好」，
如果「年金改革」是愈改愈好，試問誰願意上街頭？執政黨

政府假借轉型正義，運用政治謊言、製造不實數據，欺騙國人的假改革，只是在謀自己政黨利益，當然人民不會接受。「八百壯士指揮部」因應局勢變遷需求而生，初期在各界不看好的情形下，堅持百忍，志工們發揮了軍人一貫刻苦耐勞及黃埔傳承的精神，凝聚軍系校班、團體袍澤向心，櫛風沐雨走過485天，其護憲維權、撥亂反正；凝聚軍魂、捍衛中華之理念，贏得社會團體、不同職群之尊重，海內外華人亦同聲表達欽佩與支持。

如今軍人退撫法案已通過於107年7月1日公布施行，雖然「八百壯士指揮部」階段任務暫告終止，然軍公教釋憲正方興未艾，未來法律方面訴願、訴訟尚有長期艱難的路途，仍待克服與努力，「八百壯士指揮部」也由臨時團體轉型為社團法人「中華民國八百壯士捍衛中華協會」，持續為所有退休袍澤「護憲維權」而奮鬥。

為求將「八百壯士指揮部」走過「護憲維權」的485天，所創造中華民國民主史頁上從無先例與新猷的過程，以紀實方式、圖文並茂忠實地記錄與呈現給國人、袍澤周知； 其樣身為「八百壯士指揮部」指揮官，我們一直秉持著黃埔傳

承「親愛精誠」的精神，我們不信公義正理喚不回，雖然後續仍有許多的艱難坎坷，相信只要勇於承擔，必然能迎刃而解。

　　謹藉《八百壯士紀實》一書之出版，對所有參與及支持「八百壯士」的軍、公、教、警、消長官與袍澤們，致最高的謝忱與敬意，大家對捍衛憲法尊嚴理念之堅持，為持續485天及未來繼續奮鬥的最重要動力。

中華民國退伍軍人協會總會

 理事長

中華民國 108 年 5 月

八百壯士副指揮官吳斯懷將軍 序

不容青史盡成灰 不信公理喚不回

　　民進黨政府一上台迫不及待以違憲違法手段，粗暴推動違反普世價值「溯及既往」的年金改革，違背憲法對人民的「信賴保護原則」，長期肩負國家安定力量的軍、公、教、警，被迫走上街頭，對政府進行大規模、長時間的全面抗爭，為中華民國建國以來所僅見。三軍退伍袍澤效法四行倉庫八百壯士以寡擊眾，堅持奮戰的精神，持續 485 天一起在立法院前搭設帳棚埋鍋造飯，為「護憲維權」持續抗爭，也為中華民國社會運動史寫下首次退休軍公教人員走上街頭的歷史紀錄。

　　民進黨政府把退休軍、公、教、警當仇人一般污衊羞辱，把國家財政困難嫁禍到這一群退休老人身上，把年輕人沒有未來歸罪在這一個族群身上，推卸「退撫基金面臨破產」政府應負的責任，辱罵退休軍、公、教、警是米蟲、不事生產、吃垮國家，讓我們及家人蒙羞，完全漠視這我們多年來為保衛國家生存發展的犧牲奉獻，盡忠職守付出的青

春歲月。我們被迫走上街頭，不只是為了捍衛軍人尊嚴榮譽與應有的權益，更為了維護憲法及民主國家法秩序的穩定，確保國家長治久安。民進黨政府悍然不顧軍公教警的長期抗爭，恣意毀憲亂政，以國會多數暴力強行通過惡法，從此國家將永無寧日。

　　軍人用生命捍衛國家生存發展，保護人民免於戰火威脅，全世界的國家都感念軍人對國家的犧牲奉獻，退伍之後都受到相當尊重與保障，何曾想過民進黨政府會用如此粗暴的手段對付我們，軍人的尊嚴與榮譽不容羞辱。若非忍無可忍，我們不會走上街頭；若非政府鼓動、放任綠營立委、綠營名嘴、部分媒體持續抹黑污衊我們，我們不會如此憤怒；若非政府黑機關「年金改革委員會」說一套做一套，一再欺騙我們，我們不會激烈陳抗；若非國防部、退輔會割袍斷義拋棄戰友的行為，我們不會如此寒心；若非幾十萬退伍袍澤及海內外朋友全力相挺，造成風起雲湧之勢，我們無法堅持485天；若非我們謹守國家法令，合法行使公民權利，努力克制歷次陳抗活動，一旦失控所造成的社會動盪將會動搖國本。

　　民進黨政府不承認中華民國，不承認自己是中國人，竭盡手段去中國化、滅中國史，企圖藉中華民國的殼搞台獨或獨台。軍人依據中華民國憲法，誓死捍衛中華民國，保護人民安居樂業，絕不會為台獨而戰。我們身為黃埔人，雖然已經白髮蒼蒼解甲歸鄉，仍然應該堅持「不問收穫，只問耕耘，鞠躬盡瘁，死而後已」的強烈使命感，傳承黃埔軍魂，發揚「團結、負責、犧牲」的黃埔精神，繼續捍衛中華民國。三軍袍澤們，我們在軍職時曾經同生死、共患難，一起戍守台澎金馬，保衛國家安全；何曾想過退役後被民進黨政府逼迫，為了「捍衛憲法尊嚴，維護應有權益」，一起在街頭抗爭，這一本《八百壯士紀實》是我們共同用生命寫下的一頁歷史，期盼大家能珍惜這485天並肩作戰的革命情感，持續承先啟後、繼往開來，踵武前賢，發揮臨危受命、臨陣當先、臨難不苟的犧牲精神，捍衛中華民國。

　　最後，謹向這一段艱苦歲月曾經參與的幾十萬袍澤（眷屬），護持我們的海內外朋友致上最崇高的敬意，更要感謝指揮官吳其樑將軍的領導與充分授權、指揮部兄弟姊妹無怨無悔的付出與支持，與各位一起奮戰的日子是我生命中最榮

耀的勳章。

中華民國八百壯士捍衛中華協會

吳斯懷 理事長

中華民國 108 年 5 月

目次

前 言

中華民國 106 年 2 月 21 日，「八百壯士」效法抗戰時期四行倉庫精神，在立法院前搭設帳篷，對蔡政府「溯及既往」、「違反信賴保護原則」之違憲違法、不公不義的所謂軍公教「年金改革」，展開捍衛憲法及軍人尊嚴的長期抗爭。「八百壯士」之埋鍋造飯抗爭行動，獲得海內外軍公教退休人員熱烈迴響，紛紛慷慨解囊捐助經費；三軍各院、校、期、班退伍袍澤並自動自發參與帳篷區輪值，至 107 年 6 月 20 日立法院三讀通過《陸海空軍軍官士官服役條例修正案》為止，計達 485 天。

由於軍、公、教、警、消長期以來是國家安定的力量，走上街頭表達訴求，對政府進行大規模的全面抗爭，為中華民國建國以來所僅見。特別是解甲歸田之老邁退伍軍人，竟然在酷暑及寒風苦雨中，於立法院前搭帳篷持續抗爭達 485 天，期間並爆發兩次導致陳抗者傷亡之重大衝突。眾多參與此一艱苦過程的退伍軍人同袍，咸認為有將此一有血有淚、可歌可泣的故事紀錄於史冊之議。

　　三軍退休袍澤 485 天一起在立法院旁埋鍋造飯的日子，每一天都有眾多志工們的無私奉獻，為中華民國社會運動史寫下首次退休軍公教人員走上街頭的歷史新篇章。本紀實對「八百壯士護憲維權指揮部」成立與發展過程進行重點與翔實紀錄，蒐整「八百壯士」公開發表之聲明、新聞稿，歷次參與之重要陳抗活動，以及媒體相關報導與評論等。編撰標準依據學術研究規範，對書中所有引述之文字與照片，均翔實註明日期與出處，以符合「紀實」要求；並依「法」依「理」論述，盡可能排除情緒化之評論。

　　本紀實共分為五章，除前言外，第一章記錄「八百壯士護憲維權指揮部」緣起、「國家年金改革委員會」與「監督年金改革行動聯盟」成立過程，包括台灣抗爭史上首次軍公教「反污名、要尊嚴」大遊行，以及在「監督年金改革行動聯盟」體制下之抗爭活動。第二章介紹「八百壯士護憲維權指揮部」之成立，開始在立法院旁櫛風沐雨、埋鍋造飯，以及同舟共濟支援公教警消陳抗之歷程；並爭取「世界退伍軍人聯合會」與友邦國會議員支持。第三章重點記錄「八百壯士護憲維權指揮部」主導之重要陳抗活動，包括慶祝中華民

國 106 年軍人節及行憲紀念日等活動、107 年 2 月 27 日與 4 月 25 日在立法院發生的重大衝突事件，堅持最後一哩路到 6 月 20 日深夜立法院三讀通過《陸海空軍軍官士官服役條例修正案》為止。

為達「有理念、有作為，有論述、有行動」之編撰原則，不容青史盡成灰、不信公理喚不回之信念。第四章陳述「八百壯士」對軍人退撫制度改革的理念與評析，包含與「軍人年金改革」主管單位溝通、對軍人退撫制度改革的立場、對「軍人退撫新制變革」評析，以及對《陸海空軍軍官士官服役條例修正案》之批判。第五章則記錄轉型為「八百壯士捍衛中華協會」的成立過程、當前任務及未來之挑戰。

為對「八百壯士指揮部」成立與發展過程，留下歷史重要紀錄，本書附件納入「八百壯士護憲維權指揮部」大事紀、繆德生烈士紀，以及軍人年改釋憲聲請書 (摘錄)。另為回應眾多曾經參與「八百壯士」活動袍澤們之期許，使大家感受到這是一本「我們共同撰寫的歷史」，本紀實採圖文並陳方式，將「那 485 天我們一起埋鍋造飯的日子」重要活動照片，依時間序列蒐整列為照片集錦附件，以凸顯三軍各院校期班之參與及貢獻。

Preface

On February 21, 2018, Veterans of Republic of China follow the spirit of "Eight Hundred Warriors" on the "Defense Sihang Warehouse" during the Anti-Japanese War which took place in 1937. They set up tents in front of the Legislative Yuan to launch a long-term struggle for defending the dignity of constitution and military personnel, protesting Tsai government's injustice so-called "pension reform" picking on those military personnel, civil servants and teachers, which violating of the principle of "retroactivity" and "legitimate expectations".

The movement of "Eight Hundred Warriors" formal protest have received the enthusiastic response from the retirees of military, public servants and teachers from home and abroad, and the generously donated funds as well. All retirees from different classes of military academies participated automatically the regular shift in the tent area. Until to June 20, 2018, the Legislative Yuan passed by third reading the "Amendments to the Officials' Service Regulations of the Army, Navy and Air Force", it has been lasted for 485 days.

Since the military, civil servants, teachers and firemen have been the foundation of the country's stability for long-term. They took to the streets to express their appeals and led a large-scale protest against the government, which has only been seen since the founding of the Republic of China. In particular, the discharged veterans continued to protest for 485 days in the shack under the adverse weather, during which two major conflicts that led to the casualties. Many veterans who participated in this hard process, thought that the bloody, tearful, and capable of evoking praises and tears story should be written down in history.

The protest of retirees outside of the Legislative Yuan in the period of 485-day, filled with many selfless dedications of volunteers every day. The retired military, civil servants and teachers took to the streets writing a new chapter in the history of the social movement of the Republic of China for the very first time. This record focuses on the establishment and development of the "Eight Hundred Warriors' Defense Rights Command", and filed all announcements, press releases of the "Eight Hundred Warriors", the important protests activities and media reports and comments. The compilation standards are followed the academic research norms. All the quoted texts and photographs are dated and cited the source, in order to meet the norms of the "record" and respected to the legislation and rationality, the emotional comments are excluded as much as possible.

This record is divided into five chapters. In addition to the preface, the first chapter focus on the origin of the "Eight Hundred Warriors' Constitution and Rights Defense Command", the establishment of the "National Pension Reform Committee" and the "Supervised Pension Reform Action Alliance", including the first "anti- humiliating and striving for self-esteem" parade in Taiwan's protesting history under the system of "Supervised Pension Reform Action Alliance". In the second chapter noticed the establishment of the "Eight Hundred Warriors' Constitution and Rights Defense Command", the beginning of launching protest near the Legislative Yuan which combed by the wind and washed by the rain, backing up the resistance of public servants, teachers, police, and fire department, striving for the support of the "World Veterans

Federation, WVF" and the Congressman of friendly nation. Third chapter put emphasis on those vital protests leaded by the "Eight Hundred Warriors' Constitution and Rights Defense Command", including the celebration of the Armed Forces Day and the Constitutional anniversary of the Republic of China in 2017, the major conflicts that took place in the Legislative Yuan on February 27, and April 25, 2018 as well, and the last moment until the Legislative Yuan passed finally the "Amendments to the Officials' Service Regulations of the Army, Navy and Air Force" in June 20, 2018.

To achieve the compiling principle of "having idea and deed, with arguments and actions", the conviction of history should never goes up in ashes, and justice will certainly be call back, the fourth chapter narrated ideas and comments aiming at military retirement pension system reform of "Eight Hundred Warriors", including the communication with the competent authority of "military annuity reform", the position to military retirement pension system reform, and evaluation on the "New military retirement pension and survivor relief system reform", and the criticisms to the "Amendments to the Officials' Service

Regulations of the Army, Navy and Air Force". Chapter fifth deal with the transformation and establishment process of the "Eight Hundred Warriors Defending Chinese Association", current tasks and future challenges.

Look forward to leave important historical record for the establishment and development of the "Eight Hundred Warriors Command", the annex of this records bring into chronicle of the" Eight Hundred Warriors' Constitution and Rights Defense Command", Martyrs Miau De-sheng biography, as well as the files of petition for constitutional interpretation aiming at military retirement pension system reform. In response to many expectations of those who have participated in the "Eight Hundred Warriors" movement, and letting everyone feel that this is a "history we wrote together", This record presenting text with pictures, embodied photographs of every important events during the 485-days" which will be listed in time series as annex, to stand out the participation and contribution of all classes of the three armed forces academies.

「八百壯士護憲維權指揮部」
緣起

【第一章】
「八百壯士護憲維權指揮部」緣起

　　中華民國 105 年 5 月 20 日，蔡英文就任中華民國第十四任總統就職演說中表示，「我們的年金制度，如果不改，就會破產」，[1] 將召開年金改革國是會議。一週之後，5 月 27 日核定《總統府國家年金改革委員會設置要點》，設置「總統府國家年金改革委員會」，正式展開針對退休軍公教「溯及既往」的年金改革，因而引起中華民國社會運動史上首次退休軍公教人員走上街頭的全面抗爭。

1　「中華民國第 14 任總統蔡英文女士就職演說」，總統府，中華民國 105 年 5 月 20 日，<https://www.president.gov.tw/NEWS/20444>。

【第一節】
「國家年金改革委員會」與「監督年金改革行動聯盟」成立

　　「國家年金改革委員會」(簡稱「年改會」)為任務編組，置委員 35 至 39 人，由副總統陳建仁擔任召集人，行政院政務委員林萬億為副召集人兼執行長，其餘委員由政府相關機關代表、立法委員、考試委員、地方政府代表、退休 (役) 軍公教人員代表、現職軍公教代表、勞工代表、企業雇主代表、農漁民代表、婦女代表、青年代表、公民社會代表、學者專家組成，均由總統聘任。並依總統府國家年金改革委員會設置要點第六點規定，於行政院設年金改革辦公室。[2]「年改會」於民國 105 年 6 月 23 日舉行第 1 次會議；然而，委員的代表性問題受到各界質疑。[3]

2　　「總統府國家年金改革委員會設置要點」，總統府國家年金改革委員會，<https://pension.president.gov.tw/cp.aspx?n=2F60A9E1DC45B25F&s=D199E77A355C56A9>。

3　　李昭安、徐子晴，「年金改革爭議 — 記者列委員 考試院像路人甲」，聯合報，2016 年 6 月 14 日，<a.udn.com/focus/2016/06/14/22124/index.html>。

　　為監督「國家年金改革委員會」運作，全國公務人員協會理事長李來希於 5 月 16 日號召成立「監督年金改革行動聯盟」，38 位國家年金改革委員會委員中，6 位為「監督年金改革行動聯盟」成員；退伍軍人一席由社團法人中華民國退伍軍人協會吳其樑副理事長擔任，並由吳斯懷及葉宜生顧問為代理人。**4**

圖 1-1 吳其樑將軍代表退伍軍人參加總統府國家年金改革委員會第一次會議

資料來源：「總會副理事長吳其樑代表退伍軍人參加總統府年金改革第一次會議」，中華民國退伍軍人協會，2016 年 6 月 23 日，<http://www.varoc.org.tw/vnews/showpnews.asp?id=9>。

4　　其餘 5 位國家年金改革委員會委員為全國公務人員協會理事長李來希、中華民國退休教師聯盟理事長張美英、全國教育產業總工會副理事長劉亞平、高雄公務人員協會理事長吳美鳳、退休公務人員聯誼暨關懷服務協會會長黃台生。

　　民國 86 年至 103 年期間，國軍為配合政府政策組織精
簡，執行「精實案」、「精進案」(分兩階段)及「精粹案」，
員額由 45.2 萬大幅降低至 21.5 萬人 (參見表 1-1)。大部分
志願役軍官在屆滿最大服役年限前，因組織裁撤被迫提前退
伍。其中為配合實施「精實案」，在 88、89 年間退伍人數
計達 1.8 萬餘人；受「精進案」影響，93、94 年離退人數達 1.4
萬餘人；自 100 年起至 102 年因執行「精粹案」離退人數攀
升至 1.7 萬餘人。[5](參見圖 1-2)

表 1-1 國軍歷次組織精簡期程及兵力一覽表

案 名		執 行 期 程	總員額	
			調整前	調整後
精實案		86.7.1 ~ 90.7.1	45 萬 2 千餘員	38 萬 5 千餘員
精進案	第一階段	93.1.1 ~ 94.7.1	38 萬 5 千餘員	29 萬 6 千餘員
	第二階段	95.1.1 ~ 99.11.1	29 萬 6 千餘員	27 萬 5 千餘員
精粹案		100.1.1 ~ 103.12.31	27 萬 5 千餘員	21 萬 5 千員

資料來源：同註 5，頁 13。

5　「軍人退撫制度」，國防部，民國 105 年 7 月 28 日，<https://ws.ndc.gov.tw/Download.ashx?u=LzAwMS9hZG1pbmlzdHJhdG9yL2I3L2NrZmlsZS9hM2NhOGZmNi1kNTRkLTRmYzktOWE3Yy1jY2U0NTI2NmIxODEucGRm&n=6LuN5Lq66YCA5pKr5Yi25bqmKOWci%2bmYsumDqClfMTA1MDcyOOS%2fruato%2beJiC5wZGY%3d>，頁 19。

圖 1-2 歷年軍職人員退伍人數趨勢（民國 86-104 年）

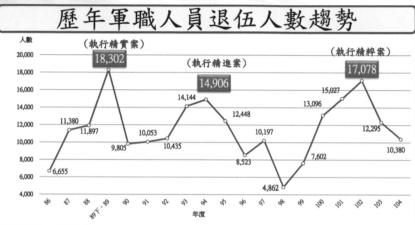

資料來源：同註 5。

圖 1-3 吳斯懷將軍代表退伍軍人參加總統府國家年金改革委員會第三次會議

資料來源：「總統府國家年金改革委員會議召開第三次委員會議」，中華民國
退伍軍人協會，2016 年 7 月 7 日，<http://www.varoc.org.tw/
vnews/showpnews.asp?id=7>。

由於國軍配合組織精簡，眾多志願役軍官被迫提前退

伍，造成支領退除給與人員增加，造成軍人退撫基金支出上升，在政府未能專款補助情況下，因而缺口日益擴大。經統計，精實案增加支出 312 億餘元；精進案第一階段增加支出 72.9 億餘元 第二階段 47 億餘元；精粹案增加支出 14.3 億餘元，總計 86-104 年間共增加退撫支出 446.2 億元。[6] 亦即，軍人退撫基金缺口日益擴大形成的原因，係因為政府對配合國家組織精簡政策提前退伍的軍人，未能專款補助因執行政策所增加的相關退撫支出所導致。

　　105 年 7 月 28 日，年改會第六次委員會議討論軍人保險制度與退撫制度，國防部在「軍人退撫制度」報告之中陳述：「考量軍人役期短、退除早、離退率高」，「人力須保持精壯、任務繁重特殊、軍事專長培養不易、操作武器危險性高」之軍人服役特性；國防部針對年金改革困境，「研議調高提撥費率、延長服役年限，留用軍事專長人力，延緩基金流失」，「為使國軍部隊專心執行戰備演訓、救災工作，

6　「軍人退撫制度」，國防部，民國 105 年 7 月 28 日，<https://ws.ndc.gov.tw/Download.ashx?u=LzAwMS9hZG1pbmlzdHJhdG9yLzI3L2NrZmlsZS9hM2NhOGZmNi1kNTRkLTRmYzktOWE3Yy1jY2U0NTI2NmIxODEucGRm&n=6LuN5Lq66YCA5pKr5Yi25bqmKOWci%2bmYsumDqClfMTA1MDcyOOS%2fruato%2beJiC5wZGY%3d>，頁 31-32。

以維護國家安全立場，建議政府針對軍職人員年金應單獨、
專案處理」。**7**

圖 1-4　葉宜生將軍代表退伍軍人參加總統府國家年金改革委員會第七次會議

資料來源：「總統府國家年金改革委員第七次會議由本會顧問葉宜生代表吳
　　　　　其樑委員出席」，中華民國退伍軍人協會，2016 年 8 月 4 日，
　　　　　<http://www.varoc.org.tw/vnews/showpnews.asp?id=9>。

7　「國家年金改革委員會歷次委員會議資料－第 6 次會議紀錄」，總統府國
　　　家年金改革委員會，<https://pension.president.gov.tw/cp.aspx?n=A7
　　　8DD0CC73F324FD&s=8BFFEC3F86D5502A>；「軍人退撫制度」，國
　　　防部，民國 105 年 7 月 28 日，<https://ws.ndc.gov.tw/Download.as
　　　hx?u=LzAwMS9hZG1pbmlzdHJhdG9yLzI3L2NrZmlsZS9hM2NhOGGZ
　　　mNi1kNTRkLTRmYzktOWE3Yy1jY2U0NTI2NmIxODEucGRm&n=6Lu
　　　N5Lq66YCA5pKr5Yi25bqmKOWci%2bmYsumDqClfMTA1MDcyOOS
　　　%2fruato%2beJiC5wZGY%3d>，頁 8-9。

【第二節】

台灣抗爭史上首次軍公教
「反污名、要尊嚴」大遊行

　　「監督年金改革行動聯盟」於民國105年8月11日召開記者會，聯盟發言人、陸軍官校校友總會副總會長吳斯懷指出，國家年金改革委員會已召開八次會議，未見民進黨政府提出具體改革版本；另一方面，各主管機關的報告彼此矛盾，有的不但未能釐清真相，反讓社會各界陷入職業別對立與矛盾中。聯盟訂於9月3日軍人節下午舉辦以**「反污名、要尊嚴、敬軍人、保國土」**為訴求之大遊行，號召10萬人上凱達格蘭大道，主要訴求：反對年金改革過程中，放任軍公教被污名化，質疑政府「假改革之名、行鬥爭之實」，改革淪為「文革式年金鬥爭」，強烈抗議「霸凌軍公教」。

圖 1-5 監督年金改革行動聯盟發起「反污名 要尊嚴」遊行記者會 (105-0811)

資料來源：八百壯士指揮部

　　面對退休軍公教團體不滿年金改革，於軍人節將走上街頭。蔡英文總統於 9 月 3 日出席軍人節表揚大會時向國軍喊話，強調軍人有「役期短」、「退除早」、「離退率高」的特殊性，這一點會考慮進去。[8] 國防部副部長李喜明上將 9 月 1 日在年金改革會議上發言，強調軍人都是從事高風險工作，在年金改革上應該被不同對待；退輔會副主委李文忠則指責現役軍人「脫下軍裝，走向凱道」的主張，公然違反《國

防法》」。[9]

圖 1-6 「反污名、要尊嚴」九三軍人節遊行 (105-0903)

資料來源：翻攝 TVBS 官網

　　此為蔡英文政府執政後，面對的第一次大型民間陳情抗議，也是中華民國社會運動史上首次由軍公教警消勞團體共同組成的遊行抗爭之社會運動。遊行由陸軍官校校友總會等

8　　周思宇、陳信翰「年金改革 蔡英文：不改會衝擊現役軍人退休」，中時電子報，2016 年 9 月 2 日，<https://www.chinatimes.com/realtimenews/20160902002820-260407>。

9　　林上祚「國防部動之以情，退輔會強硬喊話：退將鼓吹軍人上街頭 公然違反《國防法》」，風傳媒，2016 年 9 月 1 日，<https://www.storm.mg/article/161196>。

各軍人團體領軍，結合公務員、教師、警消、勞工等團體，當日 1300 至 1700 時，退伍軍人、公務警消、教育與勞工、陸軍官校校友會等四個縱隊，分別自大安森林公園西側 - 新生南路二段、二二八公園東側 - 公園路、中正紀念堂自由廣場及中正紀念堂大孝門四個不同地點集結後，遊行會師於凱達格蘭大道。

圖 1-7 退休軍公教勞警消會師總統府前凱達格蘭大道 (105-0903)

資料來源：「台灣抗爭史上第一次！九三軍公教勞警消『反污名 要尊嚴』大遊行」，中華民國退伍軍人協會，2016 年 9 月 3 日，<http://www.varoc.org.tw/vnews/showvnews.asp?id=69>。。

　　前行政院院長郝伯村和郝龍斌父子、前國防部部長嚴明
與伍世文等超過 30 位上將，以及國民黨前主席洪秀柱等均
至現場向參加遊行民眾致意。郝柏村在受訪時表示，「他重
申並不反對改革，只是不能做為族群、階級對立與鬥爭的手
段」。[10] 令人憤怒的是：政府明知軍公教退撫制度不是拖垮
國家財政的主因，但卻放任部分媒體、政客及名嘴傳達錯誤
訊息，污衊抹黑軍公教。

圖 1-8　國民黨前主席洪秀柱現身大遊行 受到群眾熱情歡迎 (105-0903)

資料來源：　陳耀宗，「現身大遊行力挺 洪秀柱：這次改革 最生氣的是『不
　　　　　　給大家尊嚴』」，風傳媒，2016 年 9 月 3 日，<https://www.
　　　　　　storm.mg/article/161909>。

圖 1-9 前行政院長郝柏村參加「反污名 要尊嚴」九三軍人節遊行

資料來源： 陳耀宗，「以退伍軍人身分參加遊行 郝柏村：不反對改革，但不
能做為族群鬥爭的手段」，風傳媒，2016 年 9 月 3 日，<https://
www.storm.mg/article/161908>。

圖 1-10 退伍軍人團體持「反污名」手板參加遊行 (105-0903)

資料來源： 「2016 年 9 月 3 日台北市／九三大遊行 3 日舉行，軍人團體，高
舉手板，訴求『要尊嚴、反污名』」，中國時報，楊彩成攝。

圖 1-11 悟善禪師參加九三軍人節遊行大會為台灣祈福 (105-0903)

資料來源：悟善基金會

---

10 陳耀宗，「『以退伍軍人身分參加遊行』郝柏村：不反對改革，但不能做為族群鬥爭的手段」，風傳媒，2016 年 9 月 3 日，<https://www.storm.mg/article/161908>。

【第三節】

監督年金改革行動聯盟之體制下抗爭

　　「總統府年金改革委員會」於 105 年 11 月 10 日舉行最後一次會議，吳其樑委員總結 20 次的座談研討會，於 11 月 15 日發表下列三點聲明：[11]

一、　年金改革委員會雖經 20 次的座談，從未見到或討論行政院版本，以後如有年金改革版本出現，吾等退休軍公教的委員代表絕不背書，如造成退休軍公教勞的不滿引起抗爭，概由政府負責。

二、　退休軍公教勞以前按時撥提退撫基金，但政府疏於職責，未成立基金專責機構及派專業人士管理，且將基金提供政治服務 (股票護航)，致使基金十年來 (民國 95 年至 104 年) 的報酬率不及 2%，政府將責任歸罪於退休軍公教，要求減少領取及延遲領取退撫基

11　「總統府年金改革委員會退伍軍人代表吳其樑委員發表下列三點聲明」，中華民國退伍軍人協會，2016 年 11 月 15 日，<http://www.varoc.org.tw/vnews/showpnews.asp?id=21>。

金，天理何在？

三、　目前在職的志願役軍人老弟們，現在的我們就是明日的你們，你們可以針對政府的年金改革態度及結果做出反應，如政府違反誠信、信賴保護原則及法律不溯及既往的通則，建議你們趁年輕儘早改選第二行業，以免退休時又被污名為吃垮國家財政的罪魁禍首，遭受整肅與踐踏，情何以堪。

　　總統府國家年金改革委員會委員會議結束 20 次會議後，國是會議之北、中、南、東四場分區會議分別於民國 105 年 12 月 31 日及 106 年 1 月 7、8、14 日舉行，國是會議全國大會於 106 年 1 月 22 日舉行。

　　105 年 12 月 31 日，年金改革北區座談登場，由勞動部長郭芳煜主持。「監督年金改革行動聯盟」成員翻過警方柵欄衝進五樓會場門口，導致會議無法順利進行。場外有「團結工聯」集結抗議，在入口跟警方發生嚴重推擠。

圖 1-12 年金改革首場北區座談 抗議民眾與警方發生衝突 (105-1231)

資料來源：「年金改革座談會 團體突襲會場與警爆衝突」，自由時報，2016 年 12 月 31 日，<http://news.ltn.com.tw/news/politics/breakingnews/1933685>。

　　106 年 1 月 7 日，年金改革中區座談會在中興大學圖書館舉行，由教育部長潘文忠等共同主持，上千名抗議民眾包圍圖書館，與警方爆發數波衝突；多名獲邀代表和媒體記者被擋在館外，致使中區原訂 130 位出席，僅簽到 81 人。

圖 1-13 年金改革中區座談 抗議民眾與警方發生衝突 (106-0107)

資料來源：　「2017 年 1 月 7 日台中市／年金改革中區座談會 7 日在中興大學舉行，上千名退休軍公教等人員也到場陳情抗議」，中國時報，黃國峰攝。

　　106 年 1 月 8 日，年金改革南區座談會在高雄國際會議中心舉行。場外三千不滿改革民眾集結，與上千維安警力發生至少兩波推擠衝突。

圖 1-14　年金改革南區座談 抗議民眾與警方發生衝突 (106-0108)

資料來源：　林上祚，「『像在鐵幕裡談改革』年金改革南區座談火氣大 李來希：高雄戒嚴了」，風傳媒，2017 年 1 月 8 日，<https://www.storm.mg/article/210541>。

　　國家年金改革委員會全國會議原規劃於 106 年 1 月 21 日及 22 日在台北國際會議中心舉辦，為避免「監督年金改革行動聯盟」進行大型抗議活動，會議地點一改再改，先改

為位於南港交通較不便利的中央研究院人文社會科學館國際會議廳,最後確定在總統府;會議議程則調整縮減為 1 月 22 日全日舉行。

「監督年金改革行動聯盟」於 1 月 16 日上午在立法院大門召開記者會,抗議年金改革全國會議地點一變再變,且執政黨派人搶先申請會議地點周邊的路權,用卑劣手段箝制人民的集會遊行自由,聯盟號召超過 3 萬人到場參與,同時有 6 位代表發起「絕食抗議」,將在立法院外絕食至國是會議召開為止。

絕食抗議:自 1 月 16 日開始的絕食抗議,引起社會重大迴響,進入第二天時,絕食人數從原本的 6 人增加為 11 人,退伍軍人代表繆德生上校全程參與。

12　葉滕騏,「探視絕食軍公教　郝龍斌喊話蔡英文不要『事主裝公親』」,今日新聞 NOWnews,2017 年 1 月 18 日,<https://www.nownews.com/news/20170118/2376402/>。

圖 1-15 監督年金改革聯盟露宿街頭絕食抗議 (106-0116-21)

資料來源：	鄭宏斌，「露宿街頭不怕冷 監督年金改革聯盟持續絕食抗議」，
	聯合影音網，2017 年 1 月 17 日，<https://video.udn.com/
	news/629074>。

　　參選中國國民黨主席的吳敦義、郝龍斌及韓國瑜均前往探視，吳敦義呼籲抗議者要保持健康才能繼續奮鬥，亦勸說全國公務人員協會理事長李來希參加 1 月 22 日舉行的年金改革國是會議。郝龍斌於 1 月 18 日到立法院前探視絕食抗議者，並且現場呼籲蔡英文不要「事主裝公親」，不要再躲了，應該出來見大家。**12**

圖 1-16　前副總統吳敦義兩度探視絕食軍公教代表 (106-0121)

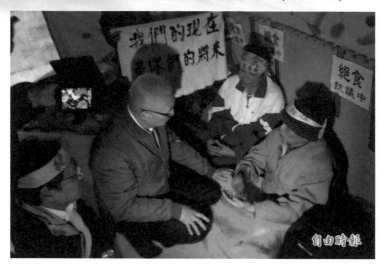

資料來源：　陳鈺馥，「吳敦義探絕食軍公教 發言遭打斷被嗆 18％不存在」，
　　　　　　自由時報，2017 年 1 月 21 日，<http://news.ltn.com.tw/news/
　　　　　　politics/breakingnews/1954690>。

圖 1-17　王忠義學長及李來希理事長探視絕食抗議軍系代表 (106-0116-0121)

資料來源：　李仁龍，「絕食抗議年改傳有人身故 純屬謠言」，台灣時報，
　　　　　　2017 年 1 月 21 日，<http://www.taiwantimes.com.tw/ncon.
　　　　　　php?num=9365page=ncon.php>。

　　1月22日上午九時，年金改革國是會議全國大會在總統府內舉行，「監督年金改革行動聯盟」號召退休軍公教人員於總統府外遊行抗議。當日「創世基金會」借用總統府前場地舉辦席開2500桌之「第27屆寒士飽30尾牙」餐會，預計有數萬名弱勢民眾參加聚餐，總統府利用弱勢團體阻擋抗議民眾之心昭然若揭。「監督年金改革行動聯盟」申請總統府前的集會遊行路權，活動時間為下午2點到晚上8點，刻意和寒士尾牙時段錯開。

　　1月22日下午2時，上萬名退休軍公教人員聚集凱達格蘭大道，頭繫「執政無能」黃色絲帶，手持「執政無能」「全民遭殃」牌子，並吹起「黑心政府、執政無能」的黑色氣球，再拿牙籤刺破，齊聲怒吼「黑心政府，執政無能，毀約背信，誠信破產！」表達對政府的不滿。

圖 1-18 退休軍公教萬人上凱道抗議「執政無能 全民遭殃」(106-0122)

資料來源： 吳政峯，「退休軍公教抗議 主辦單位宣佈超過三萬人」，台灣中
評網，2017 年 1 月 22 日，< http://hk.crntt.com/crn-webapp/
touch/detail.jsp?coluid=46&kindid= 0&docid=104552782>。

圖 1-19 年改國是會議 凱道抗議 – 于北辰將軍痛批年金改革 (106-0122)

資料來源： 「2017 年 1 月 22 日台北市 / 年金改革國是會議 22 日在總統府登
場……于北辰一起站上舞台痛批政府年金改革，全民遭殃」，中國
時報，陳怡誠攝。

　　諮詢性質的年金改革國是會議全國大會於 1 月 22 日閉

幕後，年金改革即進入修法階段，由考試院 (公務員部分)

與行政院 (軍人與教師部分) 分別提出政府版草案，送立法院審議。由於「國家年金改革委員會」之 20 次委員會議、4 次分區會議及 1 次全國會議，過程中全未採納軍公教團體意見，僅為完成程序，引起退休軍公教人員之憤慨，相關抗爭活動強度因而逐漸轉為激烈。

106 年 3 月 7 日，考試院召開年金改革公聽會，年金改革針對公務員部分，包含《公務人員退休撫卹法》、《公教人員保險法》修正草案，預定召開 4 場全院審查會，並加開一場公聽會，邀請學者、現職與退休公務人員團體參與。由於 6 位退軍袍澤進入會場抗議，導致公聽會流會。

圖 1-20　退軍同袍翻桌跳入考試院副院長主持之公聽會場 (106-0307)

資料來源：　黃邦平，「考試院召開年改公聽會 退伍軍人鬧場中斷」，自由時報，2017 年 3 月 7 日，<http://news.ltn.com.tw/news/politics/breakingnews/1995801 >。

小結

　　由於「國家年金改革委員會」成立之適法性問題，以及委員會成員代表性不足之爭議，使得蔡英文總統在就職演說中所標榜的：「年金改革必須是一個透過協商來團結所有人的過程」，[13] 淪為一個欺騙的政治口號。而「年改會」辦公室持續提供錯誤資訊，不斷讓特定媒體及御用名嘴以「米蟲」污名化退休軍公教人員，加以蔡政府刻意隱匿事實，「事主裝公親」，迴避其雇主責任，非但不思化解退伍軍人與政府之間的不信任，更讓退輔會主委李翔宙在國會殿堂立法院公然說謊，以假數據欺瞞全國大眾；又放任民進黨立委惡言污衊退休公教，如段宜康立委於 1 月 17 日在其臉書(Facebook) 嗆反年金改革的抗議行動，揚言「包圍愈多次，會不會砍得更兇呀？」蔡政府之相關惡質作為，激化相互間對立，使全體退休軍公教人員對政府徹底失去信任。

　　「國家年金改革委員會」歷經 20 次委員會議、第一階段四次國是會議為分區會議及第二階段一次全國大會，在分區座談會及全國大會中，退伍軍人代表完全未被受邀參與。「年改會」僅最後在國是會議全國大會中建議：「另規劃單獨召開 1 場軍人退撫制度座談會」、「軍人退撫制度單獨設

計」、「但除軍人服役特性所需的差異設計，其餘制度內涵仍宜與公教人員一致」。[14] 年改會之意圖非常明顯，係對軍公教採取各個擊破策略，先處理凝聚力較弱、抗爭能力不足的「公教」，然後再處理雖然人數較少，但組織性較強、較為棘手的「軍人」部分。

　　諮詢性質的年金改革國是會議結束，其結論將做為年金改革修法的依據，修法草案將循行政院、考試院行政程序，送請立法院審議。回顧自 105 年 5 月以來，雖然在「監督年金改革行動聯盟」對年金改革理性的建言，甚至絕食、遊行抗議等行動效果有限，退伍軍人面對當前年金亂改的發展，若未能順應情勢採取具體新作為，勢必無法維護軍人合法權益。在全體退伍軍人迫切需要一個有能力、肯付出，願承擔歷史重責大任，能夠領導及整合退伍軍人的力量，並以維護憲法尊嚴及軍人權益，是以「八百壯士護憲維權指揮部」遂孕育而生。

13　「中華民國第 14 任總統蔡英文女士就職演說」，總統府，中華民國 105 年 5 月 20 日，<https://www.president.gov.tw/NEWS/20444>。

14　「國家年金改革國是會議全國大會報告」，頁 22、29，總統府國家年金改革委員會，<https://pension.president.gov.tw/cp.aspx?n=1B75280 382ECACFF&s=931FF851D2FB2128>。

「八百壯士護憲維權指揮部」
成立與發展

【第二章】

「八百壯士護憲維權指揮部」
成立與發展

　　基於「護憲維權」及爭取軍人法定權益與尊嚴之理念，一群中華民國退伍軍人，抗議政府對其污名化、剝削權益，結合成臨時團體，效法抗戰初期八百壯士死守四行倉庫的奮戰精神，自民國106年2月21日起於立法院大門口搭設帳棚，宣示抗議。

　　「八百壯士」以「捍衛中華民國、恪遵憲政體制；堅持不溯既往、維護軍人尊嚴」為宗旨，堅決對抗蠻橫的執政當局，不達目的絕不終止。[1]在此過程中，充分展現革命軍人刻苦耐勞、堅持到底的決心與毅力。

1　「認識八百壯士」，中華民國退伍軍人協會，2017年11月7日，
<http://www.varoc.org.tw/vnews/showpnews.asp?id=80>

【第一節】

「八百壯士護憲維權指揮部」成立過程

　　「監督年金改革行動聯盟」之軍系代表鑑於年改法案即將送立法院審議，為爭取軍人合法權益，嚴正表達護憲維權、反對溯及既往、堅持信賴保護原則之立場，規劃於立法院旁**埋鍋造飯**，展開長期抗爭。

　　中華民國退伍軍人協會於民國 106 年 1 月 12 日召開由吳其樑將軍主持之「總統府年改會國是會議之因應作為」會議，三軍各院校校友總會會長、理事長、總幹事、執行長及各班隊代表等六十餘人參加，前陸軍總司令陳鎮湘上將亦親臨會場。會議中葉宜生將軍報告年金改革因應作為及各項編組，吳其樑將軍請大家務必要堅持到底，為廣大退伍軍人爭取最大福祉。

圖 2-1 吳其樑將軍主持「總統府年改會國是會議之因應作為」會議 (106-0112)

資料來源：「總會召開『總統府年改會國是會議之因應作為』會議」，中華民
　　　　　國退伍軍人協會，2017 年 1 月 12 日，<http://www.varoc.org.
　　　　　tw/vnews/showpnews.asp?id=26>。

　　106 年 2 月 10 日，吳其樑將軍於退伍軍人協會主持「因應年金改革協調會」，出席人員計有：中央軍校校友總會、陸、海、空軍官校、政戰學校、中正理工、國防管理學院及國防醫學院、陸軍專科 (士)、空軍及海軍技校、陸戰隊學校、憲兵學校、後備動員管理學校等校友會，以及忠義同志會、磐安同心會、清風之友會、陸軍官校各期代表，討論重點為預定自 2 月 21 日起，於立法院前搭帳篷表達抗議訴求；會中吳斯懷、葉宜生、王忠義分別說明及提報細部計畫。[2]

　　106年2月21日，吳其樑將軍舉行「八百壯士捍衛權益」記者會，陳述「年改會歷經20次會議研討，沒有共識、只有放話；雖然爭得軍人因職業特性不同，予以單獨設計，並無任何實質助益；政府刻意隱匿事實OECD國家年金改革均未含軍人在內」。[3]

圖 2-2　監督年金改革行動聯盟舉行「八百壯士 捍衛權益」記者會 (106-0221)

資料來源：　周怡孜，「『800壯士』繞立院反年金改革，吳斯懷：政府不能說我們是米蟲」，風傳媒，2017年2月21日，<http://api.nexdoor.stormmediagroup.com/article/226066>。

2　「總會召開『年金改革協調會』由吳其樑委員主持」，中華民國退伍軍人協會，2017年2月10日，<http://www.varoc.org.tw/vnews/showpnews.asp?id=27>。

3　OECD英語全文為Organization for Economic Co-operation and Development，中譯；經濟合作暨發展組織（簡稱經合組織），是全球35個市場經濟國家組成的政府間國際組織，絕大部分成員為歐美國家，亞洲地區僅有日本及韓國為成員。

　　記者會中，吳其樑將軍嚴詞批評蔡政府「有事軍人幹、沒事幹軍人；政府失信賴、退撫無保障」。而年金改革「全國分區座談會」及「國是大會」軍人皆未列入邀請；美其名謂之「軍人年金制度單獨設計，另行召開會議」，實則刻意區隔「公教」，使抗爭力量分散。

圖 2-3 記者會中，吳其樑將軍嚴詞批評蔡政府 (106-0221)

資料來源：　周怡孜，「『800 壯士』繞立院反年金改革，吳斯懷：政府不能說我們是米蟲」，風傳媒，2017 年 2 月 21 日，<http://api.nexdoor.stormmediagroup.com/article/226066>。

圖 2-4 監督年金改革行動聯盟舉行「八百壯士 捍衛權益」記者會 (106-0221)

資料來源： 曾吉松，「退伍軍人團體『八百壯士圍城』抗議」，聯合影音網，
2017 年 2 月 21 日，<https://video.udn.com/news/645329>。

記者會中，由「監督年金改革行動聯盟」軍系吳其樑、吳斯懷、聯盟召集人黃耀南、副召集人李來希、發言人彭如玉及副召集人鄭光明共同具名，提出八大訴求：[4]

一、 年金改革政府高層缺乏相對同理心？

「共體時艱」為何僅是退休者？若國家財政困難，總統、院長、部長、立委等高薪官員，為何不見同理心，主動薪資折半，大家一起苦民所苦？

---

[4] 「吳其樑委員於立法院召開『八百壯士、捍衛權益』記者會」，中華民國退伍軍人協會，2017 年 2 月 21 日，<http://www.varoc.org.tw/vnews/showpnews.asp?id=28 >。

二、　政府意圖違反不溯既往、信賴保護原則，軍人主張還我 24 小時超勤加班權益。

三、　18% 優存 6 年走入歷史、替代率 60 %，政府摘取 OECD 國家以偏概全的數據矇騙國人；軍人優存依法有據，不是非法所得，不得逕予終止給付。

四、　國防部罔顧退除袍澤權益，僅著眼於提升繳費率，軍保改制 20 年迄未建立年金制度，難辭其咎。

五、　替代率不符「軍人待遇條例」法制規定，分母值實質內涵非現職實際所得未臻合理。

六、　忽視軍人組織精簡與基金連動，政府違法未依規定撥補、監管機制未獨立、人員專業不足，肇致基金失衡績效不彰，反而不斷要求提高繳費，有嚴重違法失職不當。

七、　軍人退後囿於年齡及專長限制，須面對不友善就業條件之窘境，至今仍未徹底檢討予以法制化，僅研擬對退俸請領限制，不思解決之道。

八、　政府調降遺眷撫慰金為 1/3，蔑視軍眷長年辛勞付出與貢獻，不僅傷及軍人保國衛民的忠心，更嚴重阻攔青年視軍旅為志業之意願，執政者對此禍國殃民的政

策，能不慎思嗎？

「監督年金改革行動聯盟」抨擊蔡政府，全世界未曾見過一個改革的方案決策過程，是借助拒馬、鐵絲網、刮刀層層疊疊圍護下進行，拒絕傾聽人民的聲音，媒體在其操控下，宣揚其自我認知良好的改革；此不但將摧毀軍公教這塊穩定的基石，更嚴重危及國家整體安全。吳斯懷將軍並請「幾十萬現職軍公教警消朋友們，睜大眼睛看清楚：**我們的今天就是(你)妳們的明天！**」。

圖 2-5 監督年金改革行動聯盟舉行「八百壯士 捍衛權益」記者會

資料來源： 曾吉松，「退伍軍人團體『八百壯士圍城』抗議」，聯合影音網，
2017 年 2 月 21 日，<https://video.udn.com/news/645329>。

圖 2-6 監督年金改革行動聯盟率領群眾繞行立法院 (106-0221)

資料來源:「徵 800 壯士來了 1500 人　日日在立院『埋鍋造飯』」,上報,
2017 年 2 月 21 日,<https://game.upmedia.mg/LOL/text.
php?SerialNo=12551>。

【第二節】

櫛風沐雨 埋鍋造飯

　　繼民國 105 年軍人節創下中華民國社會運動史上，首次退休軍公教大規模走到總統府前抗議紀錄後；106 年 2 月，立法院正門旁出現完全「合法」申請架設的長期抗爭帳篷。在這裡開展的長期抗爭行動，再次寫下中華民國社會運動的歷史新篇章。

圖 2-7　「八百壯士」帳篷區輪值第一天由陸軍官校 52 期駐守 (106-0221)

資料來源：「吳其樑委員於立法院召開八百壯士捍衛權益」記者會，中華民國退伍軍人協會，2017 年 2 月 21 日，<http://www.varoc.org.tw/vnews/showpnews.asp?id=28>。

　　「八百壯士」帳篷區開始輪值第一天，國民黨前主席洪秀柱、副主席郝龍斌、立法院黨團賴士葆等多位立法委員，以及全國公務員協會李來希理事長等等均到場聲援；國民黨主席吳敦義亦於晚間前往探望值班人員。第三天，國民黨前副主席詹啟賢前往探望「八百壯士」及捐款。各界對「八百壯士」展開經費贊助，其中洪秀柱前主席兩萬六千元、新黨郁慕明主席兩萬五千元、退伍軍人協會理監事三萬五千元、運輸兵協會及藍天行動聯盟各兩萬元，其他各地教師、公教退休、退警等協會團體及個人亦紛紛慷慨解囊。

圖 2-8 第 1 天 – 國民黨前主席洪秀柱等到場聲援並捐款 (106-0221)

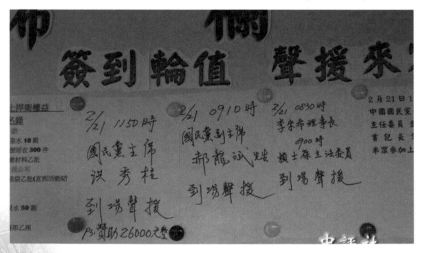

資料來源：「八百壯士首睡立院　陸軍老兵不怕苦」，中評社，2017 年 2 月 22 日，<http://hk.crntt.com/crn-webapp/touch/detail.jsp?coluid=7&kindid=0&docid=104584844>。

圖 2-9 國民黨黃復興黨部自始為「八百壯士」的堅強後盾

資料來源：「保年金！退役軍人『800 壯士』繞立院抗議」，自由時報，2017 年 2 月 21 日，<http://m.ltn.com.tw/news/politics/breakingnews/1981715>。

　　「八百壯士捍衛權益」規劃於立法院旁抗爭活動之具體作為如後：

一、　抗爭活動預計持續一個月以上，初步規劃號召軍系團體袍澤八百人以上，每天 (0830 至 1730) 排班 20 人進駐帳篷區輪值，並排定兩人夜間留宿。

二、　每日上午 1100 及下午 1600 時，由輪值人員整隊持標語及喊話器，繞行立法院呼口號。兩場次活動時間，呼籲軍公教及眷屬到現場聲援繞行立法院行動。

三、　爭取國民黨籍立委、縣市議員到場支持，協調黃復興黨部派員到場聲援。

四、　明確分工，律定勤務支援人員，每日輪值，負責帳篷及休息區整備、發電機操作保養、活動廁所維護、飲水供應、垃圾清理等行政事項。

五、　八百壯士派出之團體方得懸掛單位旗幟，帳篷外側張貼標語，繞行活動標語，輪值簽到簿、來訪貴賓簽名簿、勤務支援行動準據及物資交接清冊。

六、　整理軍系改革方案精簡版本，推派發言代表接受媒體訪問，統一說法。

七、　經費來源：八百壯士志願袍澤一人贊助一千元，各軍系團體自由樂捐，帳篷區設募款箱每日 21:00 專人清點結帳紀錄備查，每週網路公告。

　　初期由於大家對帳篷區輪值並非十分瞭解，相關作業安排相對較為困難。首日由陸軍官校 52 期熱情擔綱，次日由副指揮官吳斯懷將軍的陸軍官校 43 期同學 74 人情義相挺。來自全省各地的熱情學長與民眾陸續不斷地湧至「八百壯士」帳篷區，對輪值人員精神鼓舞並捐款贊助，黃復興黨部每天兩場次動員支持。由於一批批無名英雄志工默默付出，一場各界認為不可能持久的抗爭行動，就此延續下來。

圖 2-10　第 3 天－國民黨詹前副主席與陸軍官校專科班校友合影 (106-0223)

資料來源：戴祺修，「訪八百壯士遇台聯鬧場　詹啟賢：尊重多元」，
中評社，2017 年 2 月 23 日，<http://hk.crntt.com/
doc/1045/8/7/5/104587538_3.html?coluid= 93&kindid=1789
1&docid=104587538&mdate=0223160836>。

圖 2-11　「八百壯士」輪值第四天，寒風苦雨中繞行立法院 (106-0224)

資料來源：　戴祺修，「風雨無阻 八百壯士仍繞立院」，台灣中評網，2017 年
2 月 24 日，<http://www.crntt.tw/doc/1045/8/8/6/104588684.
html?coluid=7&kindid=0&docid=104588684>

　　春寒料峭濕冷二月天的台北街頭，擋不住年逾七旬學長的熱情，紛紛親自參加帳篷區輪值及遊行。例如：2月28日，第八天，退役將官總會坐鎮帳篷；3月1日，第九天，由陸軍官校專修35期學長們輪駐；第十天，陸軍官校38期學長負責；第18天，由更年長的陸軍官校四禧會 (31至34期) 及37期學長共同值班。每當年紀較長的學長期班輪值時，夜間留守則由相對較年輕、年紀「僅」60上下的「夜衛隊」志工學長負責，除夕、春節假期亦然。

圖 2-12 第 8 天—退役將官社會服務總會輪值 (106-0228)

資料來源：退役將官社會服務總會

　　全國公務人員協會、台北市學校教育產業工會等公教
組織亦參與輪值，由國安單位退休人員組成的磐安同心會、
忠義同志會及清風之友會，在第五天即加入輪值；忠信聯誼
會積極參與輪值。一幕幕感人事蹟不斷上演，例如，高齡
96 歲羅懷德老先生 3 月 15 日上午獨自由新店搭車至立法院
「八百壯士」帳篷區，為大家加油打氣並贊助兩千元。

圖 2-13　第 18 天—國民黨前主席洪秀柱到場慰問 (106-0310)

資料來源：張嵋寧，「八百壯士抗爭第十八天　洪秀柱、郝龍斌慰
　　　　　問 」， 中 評 社，2017 年 3 月 10 日，<www.crntt.tw/
　　　　　doc/1046/0/5/7/104605744.html?coluid=7&kindid=0&docid
　　　　　=104605744>。

圖 2-14 第 18 天——陸官四禧會及 37 期輪值　郝龍斌等前往聲援 (106-0310)

資料來源：　周怡孜，「八百壯士財報曝光！一個月募款 227 萬元 洪秀柱、陳
　　　　　　鎮湘、郁慕明、李來希都捐款」，風傳媒，2017 年 3 月 21 日，
　　　　　　<https://www.storm.mg/article/236498>。

圖 2-15 第 18 天——陸軍官校四禧會及 37 期大學長輪值與冒雨遊行 (106-0310)

資料來源：　周怡孜，「八百壯士財報曝光！一個月募款 227 萬元 洪秀柱、陳
　　　　　　鎮湘、郁慕明、李來希都捐款」，風傳媒，2017 年 3 月 21 日，
　　　　　　<https://www.storm.mg/article/236498>。

圖 2-16 第 20 天——郝院長慰勉陸軍官校 47 期輪值人員並簽名贈書 (106-0312)

資料來源：陸軍官校 47 期同學會

圖 2-17 第 24 天——競選國民黨主席之韓國瑜聲援「八百壯士」與空軍官校 58
　　　　期輪值學長合影 (106-0316)

資料來源：空軍官校校友會

圖 2-18 第 33 天──競選國民黨主席之韓國瑜聲援「八百壯士」與陸軍官校 55
　　　 期輪值學長合影 (106-0325)

資料來源：八百壯士指揮部

海內外各界對「八百壯士」的聲援

　　「八百壯士」帳篷搭建並開始展開輪值消息傳開後，來自海內外各地的許多熱情軍公教前輩與民眾，陸續不斷地到帳篷區表達支持並捐款贊助。包括百歲的前行政院郝院長、中國國民黨洪前主席、吳敦義主席及國民黨籍立法委員等，多次親至「八百壯士」帳篷慰問、鼓勵，甚或參加遊行。這些令人感動的點點滴滴，成為支撐「八百壯士」堅持理念向前行的動力。

　　3 月 31 日，立法院國民黨黨團總召廖國棟與林德福、

楊鎮浯、賴士葆、陳雪生、盧秀燕、黃昭順及費鴻泰等立法
委員前往「八百壯士」帳篷區聲援，受到熱烈歡迎。廖國棟
委員代表黨團簽下支持連署書，表示黨團對於「八百壯士」
所提出的連署承諾書完全支持。

圖 2-19 第 39 天—國民黨立法院黨團簽署聲援八百壯士承諾書 (106-0331)

資料來源：　余承翰，「國民黨團聲援八百壯士 簽署連署承諾書」，聯
合影音網，2017 年 3 月 31 日，<https://video.udn.com/
news/665878>。

　　106 年 5 月 13 日，埋鍋造飯第 82 天，來自美國的雲遊
僧悟善禪師至「八百壯士」帳篷區與大家結緣，為大家祈福；
由副指揮官吳斯懷將軍陪同。師父的理念是期盼大眾擺脫意

識型態和政黨色彩的舊思維，保持無分別心、平等心、慈悲心，讓社會和諧共生。

圖 2-20　悟善禪師至「八百壯士」帳篷區與大家結緣 (106-0513)

資料來源：悟善基金會

　　106 年 5 月 20 日，蔡英文總統就職一週年，「八百壯士」指揮部舉行「向八百壯士致敬活動」；約 150 位年逾九十高齡的長者，坐著輪椅前來立法院前堅持三個多月、為退伍袍澤爭取權益的「八百壯士」致意，觀者為之動容。103 歲的顧雲龍除役中校向「八百壯士」致贈國旗，顧老先生早年服役國民革命軍第 75 軍，曾參加抗日及國共戰爭等十餘戰役，為國奉獻一生；如今竟遭污衊為「米蟲」，真是情何以堪。

圖 2-21 長青後援會坐輪椅至八百壯士聲援帳篷區 (106-0520)

資料來源： 「退休長者赴立法院 向八百壯士致敬」，中國時報，2017 年 5 月
　　　　　 20 日，姚志平攝。

圖 2-22 103 歲退役中校顧雲龍向八百壯士致贈國旗 (106-0520)

資料來源：同前圖。

　　8 月 29 日上午，埋鍋造飯第 190 天，深受國軍官兵愛戴的政戰學校及陸軍官校老校長「許老爹」、百歲將軍許歷農上將，親往「八百壯士」帳棚慰問在立法院前值班的退伍袍澤。「許老爹」之後另以「百齡資深公民」身分，透過錄影勉勵大家：「崇法」、「團結」與「堅持」，並強調雖然「行動不便，不能和各位一起行動，但是我在精神上，心理上，一定追隨各位奮鬥到底！不達目的誓不終止！」

圖 2-23 百歲將軍許歷農上將慰勉八百壯士輪值袍澤 (106-0829)

資料來源：「許歷農上將慰勉八百壯士指揮部」，中華民國退伍軍人協會，2017 年 8 月 29 日，<http://www.varoc.org.tw/vnews/showpnews.asp?id=58>。

　　106 年 12 月 9 日上午 9 時，抗日名將「八百壯士」謝晉元團長之子謝繼民及張自忠將軍之孫，感佩八百壯士團體

成立以來為堅持「護憲維權、不溯及既往、信賴保護」原則及為退軍袍澤所做的努力及不懈的精神，專程自上海到「八百壯士」帳篷區聲援。夏瀛洲上將及「八百壯士」指揮官、副指揮官親自接待。

圖 2-24　抗日名將「八百壯士」謝晉元團長之子至帳篷區聲援 (106-1209)

資料來源：「『八百壯士』指揮官吳其樑將軍接待前抗日名將『八百壯士』謝晉元團長之子」，中華民國退伍軍人協會，2017 年 12 月 9 日，<http://www.varoc.org.tw/vnews/showpnews.asp?id=100>。

圖 2-25 第 327 天—旅美僑胞沈實夫婦專程至八百致意及捐款 (107-0113)
副指揮官吳斯懷將軍、繆德生上校及郭克勇上校等接待及陪同

資料來源：磐安同心會

「八百壯士」幕後的無名英雄

　　485 天，每一天的幕後，都有一群無名英雄在辛苦默默
地付出，從開始進行街頭抗爭，到行動獲得袍澤的認同，
「八百壯士」有許許多多動人心扉的感人故事。其中，帳篷
的搭建及佈置，係在政戰學校及陸軍官校 52 期學長志工連
夜趕工，及中正國防幹部預備學校全國校友會全力支援下，
提供大家一個可以遮風避雨埋鍋造飯的「家」。

　　在立法院正門旁，車水馬龍的中山南路紅磚人行道上，長期搭建帳篷當然不是件容易的事，大部分成員未支領退休俸的陸軍官校專科班校友會一肩扛起所有後勤支援重任；醫療站則在國防醫學院校友會協助下設置，許多院長與護理長級的學長、姊為大家提供專業保健服務；女軍訓教官班則在行政事務上，持續提供不可或缺的重要支援。

圖 2-26　政戰學校 29 期及陸軍官校 52 期志工連夜趕工完成帳蓬搭設 (106-0220)

資料來源：陸軍官校 52 期同學會

圖 2-27 國防醫學院校友會雷總會長到醫療站慰問

資料來源：八百壯士指揮部

圖 2-28 陸軍官校專科班校友會一肩扛起支援組重任 (106-0305)

資料來源：八百壯士指揮部

　　485 天，「八百壯士」在立法院正門旁的帳篷，每一天青天白日滿地紅國旗在飄揚，每一晝夜都有各院校期班輪值，農曆春節全家團圓的傳統節日亦未間斷；大年初一由絕大部分未支領退休俸的陸軍官校專 35 期輪值。

圖 2-29　大年初一——陸軍官校專 35 期輪值 (107-0216)

資料來源：八百壯士指揮部

　　485 天，「八百壯士」在立法院正門旁的帳篷，每一天的帳篷都依法定程序申請獲准設置，從未中斷，也絕對一天也不能中斷。因為，要是路權一天沒有申請到，被其他團體捷足先登，「八百壯士」的帳篷當天就必須要拆除，之後再重新搭建；這可不是件小事。

路權及集會遊行申請甘苦談！　（106-0711）

讓大家了解一些幕後甘苦，體諒指揮部所承擔的責任！對一群從未參與過社會抗爭運動的袍澤們，其中的辛苦點滴在心頭，不足為外人道也。

路權申請：集會遊行活動須先申請路權，依「台北市申請使用道路集會要點」規定，須於使用道路前一週填寫申請書，報「台北市政府工務局新建工程處」審核。

路權申請書：一張申請書僅能申請一個路段，一次可申請二個路段，每張申請書需繳交保證金三萬元，每日兩張申請書計六萬元。活動結束，政府派員檢視無損勿須賠償，依作業程序保證金約於一個半月後退還。（每個月週轉保證金概估 180 萬元），請各團體支援暫墊款，即是因應此項開支。

圖 2-30　漏夜排隊申請路權的陸軍官校 44 期王忠義及 52、53 期學長

資料來源：陸軍官校 52 期同學會

通常要在一個月前提出路權申請，以免被其他團體搶先。若路權沒申請到，當天必須撤收帳篷，影響極大，而且每次只能申請路權一天，所以必須每天一早派人去排隊申請，通常都是陸官 44 期王忠義學長每天奔波。遇重要節日或有特定活動，更需要聯合多位熱心學長，夜以繼日地在台北市府走廊夜宿幾晚，方能確保申請到活動路權！

★集會遊行申請：依「集會遊行法」第 8 條規定，向轄區分局申請室外集會遊行許可。

★大型動員活動，重要節日需搭設舞台或臨時建物，須依「台北市展演用臨時性建築物管理辦法」向市政府都市發展局提出申請許可。

★路權申請人、集會遊行申請人，須承擔相關法律責任，每人每月只能申請一天，前後計有四十多位學長志願擔任申請人，其中有二十幾位是將軍，低調默默付出。

圖 2-31 具名承擔申請路權責任的 42 位幕後英雄

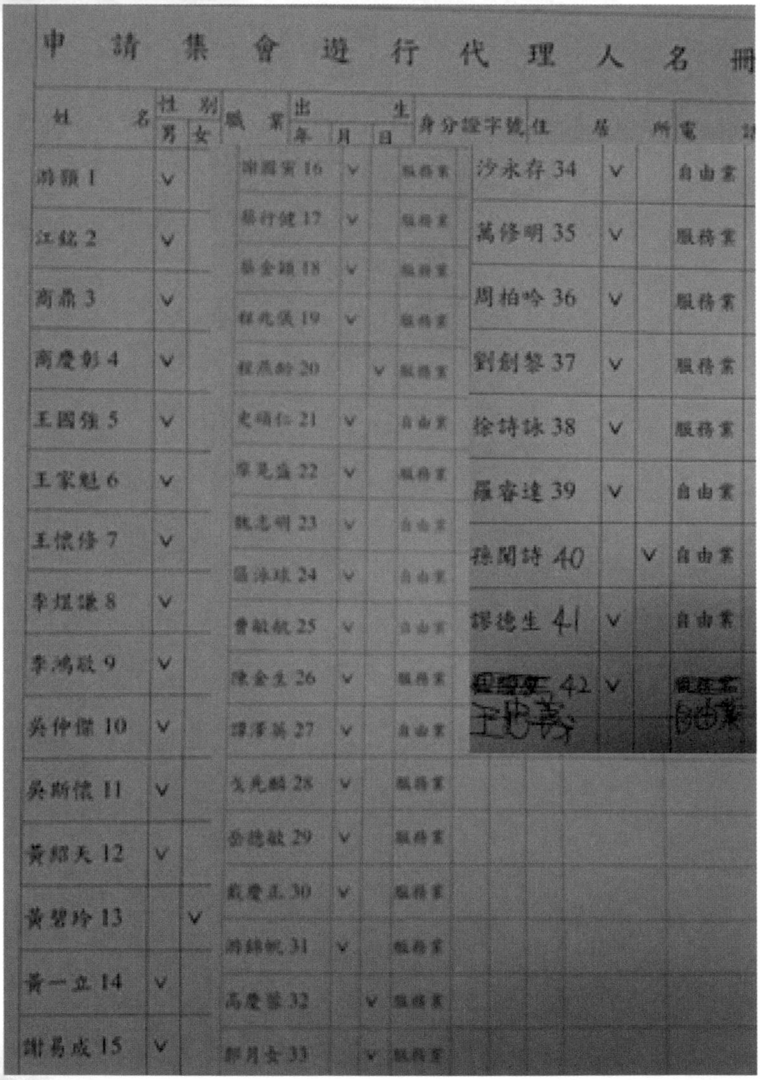

申請集會遊行代理人名冊

姓名	男	女	職業
[illegible] 1	V		
江[illegible] 2	V		
[illegible]鼎 3	V		
[illegible]慶彰 4	V		
王國[illegible] 5	V		
王家魁 6	V		
王懷[illegible] 7	V		
李[illegible] 8	V		
李鴻[illegible] 9	V		
吳仲[illegible] 10	V		
吳斯懷 11	V		
黃[illegible] 12	V		
黃碧玲 13		V	
黃一立 14	V		
謝[illegible]成 15	V		
[illegible] 16	V		服務業
[illegible] 17	V		服務業
[illegible] 18	V		服務業
[illegible] 19	V		服務業
[illegible] 20		V	服務業
[illegible] 21	V		自由業
[illegible] 22	V		服務業
[illegible] 23	V		自由業
[illegible] 24	V		自由業
[illegible] 25	V		自由業
陳金[illegible] 26	V		服務業
[illegible] 27	V		自由業
[illegible] 28	V		服務業
[illegible] 29	V		服務業
[illegible] 30	V		服務業
[illegible] 31	V		服務業
高慶[illegible] 32		V	服務業
[illegible] 33		V	服務業
沙永存 34	V		自由業
萬修明 35	V		服務業
周柏吟 36	V		服務業
劉劍黎 37	V		服務業
徐詩詠 38	V		服務業
羅睿達 39	V		自由業
孫[illegible]詩 40		V	自由業
繆德生 41	V		自由業
[illegible] 42	V		自由業

資料來源：八百壯士指揮部

【第三節】

同舟共濟　支援公教警消陳抗活動

　　基於軍公教一體、榮辱與共之理念，「八百壯士捍衛權益」指揮部對軍公教警消舉辦之年金改革抗爭活動均全力支持與配合動員。其中較重要者包括退休警消「遍地開花」抗爭、「年金改革監督聯盟」之「夜宿圍城」抗爭、警察節向警察致敬，以及 106 年 6 月立法院臨時會三讀通過修訂公教相關法案前夕，參與公教退休人員陳抗。

一、聲援退休警察、消防人員「遍地開花」抗爭活動 （106-0329）

　　在考試院 106 年 3 月 30 日將《公務人員退休撫卹法草案》函送立法院審議前夕，退休警察、消防人員於青年節當天舉行「遍地開花」陳抗活動。「八百壯士」聲援警消抗爭，向立法院遞送陳情書。當天 1300 時在立法院群賢樓前，由指揮官吳其樑主持記者會，並進入立法院遞送陳情書。

圖 2-32「八百壯士」聲援警消「遍地開花」抗爭活動記者會 (106-0329)

資料來源：「本會聲援警消『遍地開花』抗爭活動」，中華民國退伍軍人協
　　　　　會，2017 年 3 月 29 日，<http://www.varoc.org.tw/vnews/
　　　　　showpnews.asp?id=32>。

圖 2-33 警消聯盟發起「遍地開花」抗爭活動 (106-0329)

資料來源：「上千警消遍地開花反年改 怒轟蔡政府討公道」，中時電
　　　　　子報，2017 年 3 月 29 日，<https://tube.chinatimes.
　　　　　com/20170329005589-261416>。

二、聲援「年金改革監督聯盟」「夜宿圍城」向 監察院陳情活動 （106-0418-19）

　　考試院院會於 106 年 3 月 29 日通過《公務人員退休撫卹法草案》，行政院院會則於 3 月 31 日通過《公立學校教職員退休撫卹條例草案》，並送請立法院審議，正式啟動年金改革修法程序。立法院司法及法制委員會訂於 106 年 4 月 19 日開始審查《公務人員退休撫卹法》草案。

　　「監督年金改革行動聯盟」發起 4 月 18 日「夜宿圍城」向監察院陳情抗議活動，抗議「公教人員年改法案」粗糙送立法院審查。4 月 18 日下午 2 時至監察院遞陳情書，後轉至立法院周邊道路及人行道夜宿抗議，直至 4 月 19 日法案審查；「八百壯士」動員退軍袍澤聲援。警方於 4 月 17 日在立法院周邊佈置鐵絲網及蛇籠護欄，以防阻抗議群眾進入立法院。

圖 2-34　陸官 51 期參加「八百壯士」聲援「夜宿圍城」活動 (106-0418)

資料來源：　張嘉文，「退休軍公教路邊吃便當 應付晚上的夜宿抗議」，中評
社，2017 年 4 月 18 日，<http://hk.crntt.com/crn-webapp/
touch/detail.jsp?coluid=7&kindid=0&docid=104648331>。

　　4 月 19 日一早，「夜宿圍城」的退休軍公教人員包圍
立法院各出入口，企圖遲滯立法委員等進入立法院議場審
查年金改革草案，多位民進黨立委及縣市長等遭激烈推擠。
事後共有 28 人遭警方以違反社會秩序維護法移送，警方並
罕見公布涉嫌人照片供辨認。[5] 當日遭群眾阻擋的有民進黨
立委林俊憲、王定宇、蔡易餘、羅致政、邱志偉、李俊俋，
以及時代力量立委徐永明，另當日立法院正逢前瞻基礎建設
「城鄉建設」公聽會，多位出席公聽會的縣市首長，如台北
市長柯文哲、桃園市長鄭文燦、彰化縣長魏明谷、台北市副

市長林欽榮等亦遭波及。

　　4月19日陳抗活動，除李來希遭警方依「煽惑他人犯罪」罪嫌函送法辦外，警方竟然比照重大刑案，公布28位「施暴涉嫌人」照片，被台北市警察局中正一分局約談及移送者，多位係退伍軍人同袍。

圖 2-35　退伍軍人團體參與「夜宿圍城」(106-0418)

資料來源：「勿凌遲一群人民以取悅另一群人」，聯合報（社論），2017 年 4 月 20 日，<http://city.udn.com/69306/5623364>。（林良齊攝）

三、聲援「六一五警察節向警察致敬」活動 (106-0615)

5　劉慶侯，「肘擊、勒頸……警公布反年改施暴 28 涉嫌人照片」，自由時 報，2017 年 4 月 21 日，<http://news.ltn.com.tw/news/focus/paper/1096009>。

　　立法院第 9 屆第 3 會期自 106 年 2 月 23 日至 5 月 31 日止，下一 (第四) 會期排定於 9 月 22 日至 12 月 31 日。民進黨籍立法委員以人數優勢，通過於 106 年 6 月 14 日至 7 月 5 日休會期間召開第三會期第一次臨時會，處理公務員、公立學校教職員等退休撫卹條例草案之三讀。

　　「台灣警消聯盟」舉行「0615 向警察致敬」集會遊行活動，抗議立法院召開臨時會進行年金改革相關法案之審查，批判政府違反法律信賴保護及不溯及既往原則。「八百壯士」動員退軍同袍聲援，來自全台各地軍公教警消團體於 6 月 15 日 1300 時在立法院周邊集結，超過三萬人在大雨中向警察致敬。

圖 2-36　「六一五警察節向警察致敬」遊行隊伍行經行政院 (106-0615)

資料來源：黃敦硯，「陳抗團體違法 警政署：依法究辦」，自由時報，
　　　　　2017 年 6 月 15 日，<http://news.ltn.com.tw/news/society/
　　　　　breakingnews/2101802>。

圖 2-37　「八百壯士」聲援「六一五警察節向警察致敬」活動 (106-0615)

資料來源：「總會聲援『六一五警察節向警察致敬』活動」，中華民國退伍軍
　　　　　人協會，2017 年 6 月 15 日，<http://www.varoc.org.tw/vnews/
　　　　　showpnews.asp?id=37>。

圖 2-38　退伍軍人協會冒雨聲援「六一五警察節」活動 (106-0615)

資料來源：同上圖

圖 2-39 聲援「六一五警察節」遊行 - 陸軍官校專 35 期 (106-0615)

資料來源：　顧荃台，「反年改遊行 政院：尊重人民表達意見權利」，中央社，2017 年 6 月 15 日，<https://www.cna.com.tw/news/firstnews/201706150264.aspx>。

　　民國 106 年 6 月 27 日及 29 日，立法院臨時會分別三讀通過《公務人員退休資遣撫卹法》及《公立學校教職員退休資遣撫卹條例》，公教退休人員支領月退休金者，18 % 優惠存款利率兩年歸零，較「年改會」六年歸零版本更為嚴苛，並訂於 107 年 7 月 1 日開始實施。[6] 對於蔡政府強行通過的年金改革法案，公務人員協會理事長李來希在 6 月 27 日悲憤地表示，「對公教人員而言，這是公務人員制度立法史上最黑暗的一天」。[7]

　　蔡總統則於 6 月 30 日下午特別就年金改革發表談話，

「呼籲各界珍惜現在的改革成果，讓社會團結」，甚至表示「在蔡英文政府的年金改革中，沒有人會因為改革而活不下去」。[8]

公教年金改革完成立法程序後，「監督年金改革聯盟」公教代表發生內鬨，擔任召集人之全國教育產業總工會理事長黃耀南，於 8 月 28 日召開記者會片面逕自宣布解散聯盟，而聯盟為持續組織運作，於 9 月 4 日邀集軍公教勞退等職系決策小組成員召開會議，共推軍系副召集人胡筑生為新任召集人。

---

6 依公教年金改革通過的新制：18％優惠存款利率，自 2018 年 7 月 1 日到 2020 年 12 月 31 日，年息降為 9％，2021 年全數歸零；所得替代率 (以 35 年年資為例) 由本俸二倍的 75％，依每年遞減 1.5％幅度，10 年後降至 60％；現職公教人員退休金採計基準延長為 15 年平均俸額；中小學教師退休金起支年齡為 58 歲，教職員及公務人員月退休金起支年齡則將延至 65 歲；另公教退休金樓地板為委任一職等俸給 32,160 元。

7 崔慈悌，「年改三讀 李來希：公教人員最黑暗的一天」，中時電子報，106 年 6 月 27 日，<https://www.chinatimes.com/realtimenews/20170627004542-260407>。

8 「總統針對年金改革發表談話　感謝參與及支持年改，並呼籲珍惜改革成果」，中華民國總統府，106 年 6 月 30 日，<https://www.president.gov.tw/NEWS/21454>。

【第四節】
爭取世界退伍軍人組織與友邦國會議員支持

　　106 年 9 月 3 日，「世界退伍軍人聯合會」(World Veterans Federation, WVF) 第 22 屆亞太常務委員會議於台北舉行，總會長柏格頓 (Dan-Viggo Bergtun) 將來台與會。「八百壯士」國際事務主任空軍退役上校郭克勇於 8 月 7 日致函柏格頓總會長，協調於渠在台期間能撥冗會見「八百壯士」吳斯懷將軍等主要成員，瞭解「八百壯士」之訴求；柏會長於 8 月 9 日即覆函同意。但因退輔會阻擾，導致拜會取消。

圖 2-40 「世界退伍軍人聯合會」總會長柏格頓覆函郭上校同意於訪台期間會見

寄件者: Dan-Viggo Bergtun <dbergtun@yahoo.com>
寄件日期: 2017 年 8 月 9 日 下午 01:33
收件者: Kuo Michael
主旨: Re: Fwd:轉寄: a letter from Taiwan

Dear Sir,
Thank you for your mail. I will find time to meet up with you in Taipei during my
visit. I have asked my colleagues in our organization to get back to you for a meeting.
Thank you again.
Best regards,

Mr. Dan Viggo Bergtun
President WVF
|
+47 47 71 03 00
dvb@bergpro.no

　　郭克勇上校於 6 月 1 日致函美國海外作戰軍人退伍協會
(Veterans of Foreign Wars) 會長達飛 (Brian Duffy)，請該協會
在美國為我退伍軍人發聲；並於 9 月 2 日致函「世界退伍軍
人協會」各國來台開會代表。諷刺的是，蔡總統總統於 9 月
5 日接見「世界退伍軍人聯合會」柏格頓總會長時，竟然表
示：「照顧軍人是國家的責任，也是她做為三軍統帥的職責
所在」、「軍人奉獻寶貴青春，捍衛國家安全，促進社會進
步。退伍之後，應該得到最妥善、最完整的照顧」、強調「一
定會盡我最大的能力」照顧軍人。[9]

圖 2-41　蔡總統接見「世界退伍軍人聯合會」總會長柏格頓 (106-0905)

資料來源：「總統接見『世界退伍軍人聯合會柏格頓總會長』」，中華民國
　　　　　總統府，106 年 9 月 5 日，<https://www.president.gov.tw/
　　　　　NEWS/21568>。

　　107 年 3 月，「八百壯士護憲維權指揮部」國際事務主任空軍退役上校郭克勇自費赴美國，拜會美國有關部門及智庫學者，為台灣退伍軍人權益展開遊說並尋求支持。3 月 6 日，郭克勇上校拜會民主黨參議員范賀藍 (Chris Van Hollen Jr.)，說明目前台灣退伍軍人在立法院前埋鍋造飯近 400 天的背景，並特別就即將在 7 月通過軍人退休俸的新法案，提出警告指出，其影響層面除將造成兵員不足、戰力削減、士氣低落的國安危機，更將直接衝擊美國在亞太地區的利益，使美國第一島鏈戰略部署出現嚴重缺口。范賀藍參議員對台灣維持一個「強大且安定」的軍隊合乎美國國家利益，表示贊同，並承諾將透過管道向台灣政府表達其個人的關切，也希望台灣政府多與退伍軍人溝通，和平解決紛爭。[10]

　　郭克勇上校告訴范賀藍參議員，美台軍事合作逾半個世紀，包括 3 次台海軍事危機，都是靠著這些參與街頭抗議的退伍軍人，以及美國軍事裝備支援，為台灣提供有力的安全保障。如今民進黨政府因政治考量，竟然毀約背信，公然違背憲法，扼殺他們應得的退休薪俸，並對公教警消人員比照辦理，將台灣安定的四大支柱徹底摧毀，未來對國家安全及

社會和諧，勢必產生巨大衝擊。

　　范賀藍參議員回應表示，他向來關注台灣事務，也了解台灣退伍軍人目前與政府對峙的狀況；對繆德生因參與抗議活動，導致意外身亡事件更感到遺憾與震驚。范賀藍贊同台灣維持「強大且安定」的軍隊，合乎美國國家利益，承諾將透過管道，向台灣政府表達其個人對台灣退伍軍人的關切。

圖 2-42 郭克勇上校代表遞交八百壯士副指揮官吳斯懷將軍簽署之信函

資料來源：　八百壯士指揮部

9　「總統接見『世界退伍軍人聯合會柏格頓總會長』」，中華民國總統府，106 年 9 月 5 日，<https://www.president.gov.tw/NEWS/21568>。

10　江靜玲，「符合美國利益！美參議員贊同台維持『強大安定』軍隊」，中時電子報，2018 年 3 月 7 日，<https://www.chinatimes.com/realtimenews/20180307002064-260407>。

107 年 3 月 29 日，「八百壯士」在立法院前埋鍋造飯抗爭已達 402 天，軍人年改版本也即將送入立法院審議，「八百壯士」藉美國眾議院外交委員會主席羅伊斯 (Ed Royce) 率團訪台之際，透過國民黨立委江啟臣遞交說明中華民國政府如何違憲違法對待退伍軍人的英文書信，請他帶回去參考，也讓他關心台灣退伍軍人目前的待遇。

小結

在民進黨動用其在立法院的人數優勢，強行完成公教人員的退休資遣撫卹相關法案立法程序後，未來公教退休人員反對年金革的抗爭路線，除申請釋憲途徑外，將難以有大規模動員至立法院抗議的訴求。原在「監督年金改革行動聯盟」體制下，軍公教警消退休人員共同爭取權益的階段已結束，聯盟召集人一職由教師代表改為軍系擔任，公教在未來反對年金改革行動中的角色必然淡化。

另由於在立法院審查有關公教相關法案時，立法院民進黨籍段宜康等委員強勢主導通過較行政院送審更為嚴苛的版本，使得公教退休人員 18 ％ 優惠存款利率，由原本規劃

的 6 年縮短為 2 年歸零。致使退伍軍人對行政部門的相關承
諾之不信任程度更為增高，立法院毫無疑義的成為未來的抗
爭主體，而且抗爭強度勢必升高。

　　公教年金改革完成立法程序後，軍人年金改革案正式浮
上檯面。至此，軍公教年金改革抗爭的歷程，進入以退伍軍
人為主體，為維護軍人自身權益進行抗爭的階段。在此情勢
推移下，「八百壯士捍衛權益指揮部」肩負著全體退伍軍人
對護憲維權的期許，承擔更大的歷史責任。

八百壯士紀實

軍警上街頭　國家到盡頭

【第三章】

軍警上街頭 國家到盡頭

「八百壯士護憲維權指揮部」主導之重要活動

　　民國 106 年 2 月 21 日「八百壯士護憲維權指揮部」成立之前，退伍軍人同袍皆在「監督年金改革行動聯盟」組織架構下參與各項抗爭活動，如：105 年軍人節「反污名、要尊嚴」為訴求之大遊行。106 年 6 月下旬，立法院臨時會三讀通過修訂「公立學校教職員退休資遣撫卹條例」及「公務人員退休資遣撫卹法」前，「八百壯士」全力支援公教警消之陳抗活動，如：3 月 29 日退休警消「遍地開花」抗爭活動 、4 月 18 及 19 日之「夜宿圍城」向監察院陳抗活動、「六一五警察節向警察致敬」等活動。

　　民國 106 年 9 月及 12 月，「八百壯士」舉辦慶祝軍人節及行憲紀念日大型活動；並於 11 月號召退伍軍人袍澤抗議未經溝通公布「軍人退撫新制（草案）重點」。進入民國 107 年，「八百壯士」埋鍋造飯、餐風露宿已屆一年，蔡政府開始加速對軍人年金改革之立法時程。「八百壯士」抗爭之方式由過去之「全力配合」轉為「全面主導」，抗爭強度也逐漸升高。

【第一節】

慶祝民國 106 年軍人節及行憲紀念日等活動遊行

一、慶祝 106 年軍人節

　　民國 105 年軍人節，總統府前有 25 萬退休軍公教警勞走上街頭「反污名，要尊嚴」；一年後，「八百壯士」舉辦 106 年軍人節「九三敬軍活動」，規劃藉「異地同時、遍地開花」行動，全國各縣市同步舉行，展現「犧牲、團結、負責」的黃埔精神，並發表「中華民國退伍軍人－八百壯士九三向軍人致敬宣言」，要求「政府恪遵法制、不得違憲亂改，堅持不溯既往、維護軍人尊嚴」，嚴正表達退伍軍人堅持「法律不溯既往、信賴保護」的一貫立場。參加活動人員，不限軍中袍澤、軍眷，廣邀公、教、警及社會大眾，認同中華民國，維護軍人尊嚴的朋友，一起站出來向軍人致敬。

　　台北地區之慶祝活動在台北車站大廳舉行，以唱國歌、向國旗致敬及歃血國旗慶祝九三軍人節，會後全體冒雨從台

北車站遊行至凱達格蘭大道。前國民黨主席洪秀柱、退休
教師聯盟、退休警消聯盟也到場聲援。洪秀柱致詞時批評，
九三軍人節本來是要向革命先烈致敬，但因為年金改革，去
年此時有 20 萬人走上街頭，訴求卻都沒有得到回應，民進
黨還一直用年金改革抹黑軍公教警消，呼籲政府不要放任團
隊來污衊軍公教警消。[1]

圖 3-1 慶祝中華民國 106 年軍人節──國民黨洪前主席參加 (106-0903)

資料來源：　黃義書，「慶祝軍人節『八百壯士捍衛權益』」，聯合影音網，
2017 年 9 月 3 日，<https://video.udn.com/news/746328>。

1　朱冠諭，「八百壯士淋雨遊行 高聲呼喊反年改」，風傳媒，2017 年 9
月 3 日，<https://today.line.me/tw/pc/article/ 八百壯士淋雨遊行 + 高
聲呼喊反年改 -Pr8qKM>。

圖 3-2　慶祝中華民國 106 年軍人節─台北車站大廳 (106-0903)

資料來源： 黃義書，「慶祝軍人節『八百壯士捍衛權益』」，聯合影音網，
2017 年 9 月 3 日，<https://video.udn.com/news/746328>。

圖 3-3　慶祝中華民國 106 年軍人節─政戰學校 19 期 (106-0903)

資料來源： 黃義書，「慶祝軍人節『八百壯士捍衛權益』」，聯合影音網，
2017 年 9 月 3 日，<https://video.udn.com/news/746328>。

圖 3-4　500 位民眾捐出熱血，滴在國旗上用「熱血護國旗」

資料來源：黃義書，「慶祝軍人節『八百壯士捍衛權益』」，聯合影音網，
2017 年 9 月 3 日，<https://video.udn.com/news/746328>。

圖 3-5 八百壯士副指揮官歃血──感謝國防醫學院的學姊們 (106-0903)

資料來源：八百壯士捍衛權益指揮部

圖 3-6 陸軍官校 35 期大學長台北車站前整隊遊行 (106-0903)

資料來源：　朱冠諭 ，「八百壯士淋雨遊行 高聲呼喊反年改」，風傳媒，2017
年 9 月 3 日，<https://today.line.me/tw/pc/article/ 八百壯士淋
雨遊行 + 高聲呼喊反年改 -Pr8qKM>。

圖 3-7「八百壯士」軍人節總統府前淋雨遊行 (106-0903)

資料來源：同上圖

三、抗議未經溝通公布「軍人退撫新制（草案）重點」

民國 106 年 5 月 11 日，民進黨立委王定宇陪同「八百壯士」成員吳其樑、吳斯懷、葉宜生、王忠義、羅睿達等，拜會「年改會」副召集人兼執行長林萬億。「年改會」發布新聞稿指出，雙方充分溝通達成二點共識，一、年改會重申年金改革是改革制度，制度的產生是經年累月的結果，而非任何軍公教個人造成，請社會大眾不要針對個人相互攻擊或污名；二、軍人年金改革版本定案前，請國防部邀請退伍軍人代表參與討論，其中年改委員應優先受邀參加。[2]

面對民進黨政府高官「軍人年改版本送行政院前國防部必須與退伍軍人團體溝通，並優先邀集年改委員協調」之公開承諾言猶在耳，但媒體傳出國防部預定於 11 月 14 日公布軍人退撫新制草案，致使「八百壯士」批評「政府公然背信，黃埔怒潮將起！」「八百壯士指揮部」於 11 月 11 日發佈緊

2　「國家年金改革委員會新聞稿 (106 年 5 月 12 日)」，總統府國家年金改革委員會，<https://pension.president.gov.tw/News_Content.aspx?n=24EEE60D085C3437&sms=C3C8C7E3C8A38EF2&s=2459FE243C19AA5A>。

急公告，動員退伍軍人袍澤於 11 月 13 日行政院抗議，抗議重點：「林萬億背信無恥，要求親自出面說明」；11 月 14 日至總統府抗議，抗議重點：「訴求退伍軍人參加年改記者會還我公道；要求政府勿逼退伍軍人走絕路」。[3]

　　11 月 13 日下午，行政院秘書長卓榮泰、發言人徐國勇赴「八百壯士」立法院前帳篷，與指揮官吳其樑將軍會談，會後並召開記者會，公開表示 11 月 14 日軍人年改版本，只是草案原則重點，並非法案版本；保證經過完整溝通後，才會展開法制工作。面對民進黨官員以欺詐詭騙之心態與行徑，不僅讓退伍軍人完全喪失信任，所衍生的後遺，勢必相對付出嚴重的後果。「八百壯士」嚴正聲明「反對國防部公布未經溝通、毀諾背信的軍人退撫變革版本」。

3　　「八百壯士指揮部緊急公告 -106.11.11」，中華民國退伍軍人協會，2017 年 11 月 11 日，<http://www.varoc.org.tw/vnews/showpnews.asp?id=83>。

圖 3-8　公教警消團體聲援抗議未經溝通公布「軍改 (草案) 重點」(106–1113)

資料來源：　謝珮琪，「八百壯士來了急滅火，徐國勇：媒體誤導，明天不會
公布軍人年改版本」，風傳媒，2017 年 11 月 13 日，<https://
www.storm.mg/article/358242>。

圖 3-9　三軍院校各期班抗議未經溝通公布「軍改 (草案) 重點」(106–1114)

資料來源：　戴祺修，「八百壯士凱道抗爭 唱完國歌再戰立院」，今日新聞
Nownews，2017 年 11 月 14 日，<https://www.nownews.
com/news/20171114/2643796/>。

圖 3-10 抗議未經溝通公布「軍改(草案)重點」- 多位上將擔任遊行隊伍前導

資料來源：鄭鴻達，「八佰壯士凱道一度內鬨喊衝 唱完國歌轉戰立院」，自
由 時 報，2017 年 11 月 14 日，<http://m.ltn.com.tw/news/
society/breakingnews/2252987>

圖 3-11　TVBS 新聞報導抗議遊行畫面 (106–1114)

資料來源：翻攝 TVBS 官網

圖 3-12　抗議未經溝通公布「軍改 (草案) 重點」－陸軍官校 42 期參加遊行

資料來源：　陸軍官校 42 期同學會

三、埋鍋造飯 300 天　慶祝行憲紀念日大遊行

民國 106 年 12 月 17 日,「八百壯士」在立法院前埋鍋造飯達 300 天,「八百壯士護憲維權指揮部」舉辦「慶祝中華民國 106 年行憲紀念日暨八百壯士護憲維權 300 天」大會。這次活動有除國防部前部長嚴明、前副部長王文燮、前總政戰局長陳國祥、前聯勤司令丁之發、前陸軍總司令曾金陵等上將出席外,國民黨前主席洪秀柱、前台北縣長周錫瑋,以及諸多黨籍立委都到場聲援。

圖 3-13 慶祝中華民國 106 年行憲紀念日暨八百壯士護憲維權 300 天」大會

資料來源:倪玉濱,「八百壯士反年改上街頭　洪秀柱聲援高喊革命無罪」,台灣好報,<http://www.taiwandiginews.com.tw/?p=61381>。

圖 3-14 國民黨前主席洪秀柱、台北縣前縣長周錫瑋等參加慶祝大會

資料來源：　朱冠諭，「八百壯士再上街頭 洪秀柱力挺：民進黨別逼他們做出更激烈行動」，風傳媒，2017 年 12 月 17 日，<https://www.storm.mg/article/373691>。

圖 3-15 王文燮上將等參加慶祝大會 (106-1217)

資料來源：　倪玉濱，「八百壯士反年改上街頭　洪秀柱聲援高喊革命無罪」，台灣好報，<http://www.taiwandiginews.com.tw/?p=61381>。

八百壯士指揮官吳其樑將軍對「護憲維權 300 天活動」五點聲明 [4]

八百壯士為捍衛憲法及維護軍人權益，在立法院已經埋鍋造飯 300 天，針對無良政府施政作為，提出下列五點聲明：

一、　當我們穿上軍服的第一天，長官就告訴我們身為軍人第一要務就是：「捍衛中華民國、維護憲法尊嚴」，因為憲法是立國的根本大法，有任何人企圖摧毀憲法，我們絕對與其抗爭到底，絕不妥協！

二、　我們要求政府應遵守憲法的基本精神，不溯既往與信賴保護原則。憲法第 15 條明文規定：人民之生存權、工作權及財產權，應予保障。另在《陸海空軍軍官士官服役條例》中亦明定「軍人服役、退役應有的責任與權益」。今天無良的政府假藉國家財政困難，蠻橫地剝削我們退休軍公教警消勞應有的權益，全體退休人員對這種清算鬥爭方式的改革，當然堅持反對到底，絕不妥協。若是無能的政府硬要蠻幹，退伍軍人

4　「八百壯士指揮官『護憲維權 300 天活動』五點聲明公告」，八百壯士捍衛權益，2017 年 12 月 18 日，<https://www.facebook.com/800warriors/posts/934061620076120>。

除堅決反抗到底，一切陳抗所造成社會不安，政府應負完全責任。

三、　現行國防政策是「平時養兵少、戰時用兵多」；國軍在台澎防衛作戰指導上，國防部部長馮世寬曾強調「重層嚇阻」。請問「嚇阻」要靠誰？那就是 240 萬的後備部隊。後備部隊的指揮要靠誰？就是今天在場參加八百壯士活動全體退伍的軍士官。如今無良的政府把我們當成清算鬥爭的對象，一旦國家有戰事發生，下達動員召集令時，我們全體後備軍士官將拒絕應召上戰場，國家安全則請民進黨自行招兵買馬去防衛。

四、　政府一直操作「國家財政困難、基金面臨破產」的假議題去欺騙國人，既然宣稱財政困難，為何要成立 13 個黑機關 (總統府下設有年金改革委員會等四個；行政院下設有九個)，其目的在分贓安插綠營沒有公務員任用資格的黨工或親朋好友，大量消耗民脂民膏及公帑，又言財政困窘，何不先檢討裁撤這些黑機關？同時宜自總統以下，所有政務官及中央民代均應

「共體時艱」配合減薪，而非僅著眼於砍殺軍公教警消勞；另退伍軍人支領的是法定給付的退休俸，不是「年金」，政府不應混為一談

五、　11月20日退輔會主委在立法院向立委及媒體說：「軍人退撫新制草案，退伍軍人60％贊同、30％沒意見、10％極力反對」，此一論述引發退伍軍人極端不滿與憤怒，並赴該會陳情抗議。復經八百壯士指揮部透過各種方式實施意見調查，彙整累計結果：堅決維持不溯及既往達96％以上、反對退撫新制草案不能接受者佔99.6％、認為改革嚴重影響士氣與募兵佔95%，足以顯見退輔會係以不實數據，欺矇國人，企圖彰顯改革正當性，不僅有違照顧退休榮民、榮眷之責，亦肇致渠等信任與信心的喪失。

綜上五點聲明，八百壯士全體受退休袍澤囑託，基於維護退伍軍人應有權益立場，將不惜對這個無良無能的政府持續陳抗下去，不達目的，絕不終止！

會後遊行自立法院前中山南路出發，經行政院轉向總統府前凱達格蘭大道，上百個軍系團體及50多個公教團體約

三萬人參加，遊行隊伍行經總統官邸時，群眾怒吼「蔡英文

下台」等口號，表達不滿。

圖 3-16 慶祝行憲紀念日大遊行—陸軍官校 41 期兩位上將掌同學會橫幅

資料來源：陸軍官校 41 期同學會

【第二節】

埋鍋造飯第 372 天
「二二七」突襲立法院

　　民國 107 年 2 月 27 日，立法院第九屆第五會期開議，開議當天將進行行政院長施政總質詢，軍人年改列為本會期優先法案。而行政院院會預計於 3 月 1 日通過軍人年改的相關修法送立法院，立法院將開始列入審議。

　　2 月 27 日約清晨六時許，在立法院旁埋鍋造飯第 372 天，退伍軍人由「八百壯士」副指揮官吳斯懷將軍領軍，由鎮江街、青島東路及濟南路三個立法院出入口試圖強行進入立法院陳情，保六總隊在立法院之駐衛警應變不及，立法院鎮江街及青島東路鐵門均遭突破進入。

　　退伍軍人在 2 月 27 日立法院開議當天的陳抗行動充分發揮「奇襲」效果，警方應變不及，多名退軍進入議場前靜坐，在國民黨籍立法委員曾銘宗、費鴻泰、賴士葆等協助下，向立法蘇嘉全院長致送陳情抗議書。陳情書由「八百壯

士護憲維權指揮部指揮官吳其樑」落款，由副指揮官吳斯懷
遞交立法院秘書長林志嘉，要求轉交蘇嘉全院長。

　　林志嘉表示非常尊重八百壯士長期認真爭取軍人福利
及自身權利，他代表蘇嘉全收下陳情書，相關訴求也會向所
有的立委轉達。蘇嘉全特別交代，一定會盡其所能盡量溝
通，今天發生這樣的事，更需要大家冷靜，理性找出大家都
可以接受的方案。[5]

圖 3-17「八百壯士」進入立法院遞送陳情書　要求暫緩審理軍改

資料來源：　「八百壯士遞交陳情書　林志嘉：盡量溝通」，中央社，107 年 2
月 27 日，王承中攝。

　　陳情書表達八百壯士受退伍袍澤囑託，為維護整體退伍軍人應有權益，已於立法院櫛風沐雨埋鍋造飯超過一年，……基於軍人誓死捍衛中華民國之意志與決心，一再誠摯地告知政府，國軍正面臨人力、信任嚴重危機，甚至連美國都提出相同呼籲，希望當前執政黨要恪遵憲政法律秩序，善待現役、照顧退役軍人，不可再偏執蠻橫妄為，製造社會分裂、族群對立。

　　陳情書中細數，年來基於軍公教一體理念，曾於 106 年 0329；0418、19；0615、0626、0629；1113、14 等 期 間，多次陳抗與遞送陳情書，唯立法院皆僅象徵性轉送，未獲任何實質回應；另同年 5 月 11 日下午至行政院商議，林萬億「白紙黑字承諾」軍人法案送出前，要先完成溝通協調，始可行之；唯都只是口沫應允，採取「不接觸、不溝通」方式，看不到執政當局任何「誠信」存在？ [6]

5　王承中，「八百壯士遞交陳情書 林志嘉：盡量溝通」，中央社，2018 年 2 月 27 日，<https://www.cna.com.tw/news/aipl/201802270081.aspx>。

6　洪哲政，「退軍衝立院給蘇嘉全陳情書 內容全方位開罵蔡英文」，聯 合 新 聞 網，2018 年 3 月 2 日，<https://udn.com/news/story/6656/3007868>。

圖 3-18 立法院鎮江街後門議場前靜坐情況 (107-0227)

資料來源：　八百壯士指揮部

　　令人遺憾的是，陸軍官校 48 期繆德生上校攀爬立法院

外牆張掛國旗時，不幸失足墜地昏迷，送台大醫院急救，繆

德生生命垂危成為媒體報導焦點。

圖 3-19　陳抗衝突濺血重傷事件成為媒體報導焦點 (107-0228)

　　2月27日抗爭行動發生後，各地退伍軍人自電子媒體及社群網站獲知訊息，陸續從各地朝立法院集結，加入抗議活動。警方緊急調派保一總隊等大批警力，以優勢警力奪回立法院各出入口的控制權，並將在議場前靜坐的抗議群眾抬離。

圖 3-20　立法院鎮江街後門議場前靜坐者遭優勢警力抬離 (陸官 47 期顏嘉祿)

資料來源：　「2018 年 2 月 27 日台北市 / 反軍人年改團體 27 日突襲立法院並
　　　　　　進到議場前廣場抗議，之後遭警方強勢架離」，中國時報，姚志平
　　　　　　攝。

　　高齡百歲的前行政院長郝柏村聞訊，亦赴立法院外中山北路口關切並發表談話：「今天抗爭的目的不是為了個人的退休金，而是要捍衛中華民國與中華民國憲法，因此，既然

是要捍衛中華民國，不會有退路的，對於今天發生嚴重的事情，他必須對執政黨表示嚴重的抗議與關切」。[7]

圖 3-21 前行政院長郝柏村到場聲援 (107-0227)

資料來源：　八百壯士指揮部

　　八百壯士帳篷除指揮官吳其樑坐鎮外，前陸軍司令陳鎮湘、前國防大學校長夏瀛洲、前退輔會主委曾金陵、前總政戰部主任陳國祥等上將均到場聲援。國民黨主席吳敦義、前主席洪秀柱、新黨主席郁慕明等政黨領袖亦到場關心。

7　朱真楷、張鎧乙，「現身立院外 郝柏村：抗爭流血 我要對蔡政府表達嚴重抗議」，中時電子報，2018 年 2 月 27 日，<https://www.chinatimes.com/realtimenews/20180227002048-260407>。

　　2月27日退伍軍人突襲立法院的激烈抗爭行動，發生陳抗人員濺血命危事件，震驚各界，導致當日立法院院會於中午提前結束。行政院長賴清德在立法院未能上台進行報告，賴清德表示：軍人年改沒時間表，還會再與立法院好好討論，本來預計3月1日行政院會要通過的軍改草案將不會排入議程，並請退輔會等相關部會再與社會好好溝通，可以再進一步討論。**8**

圖 3-22　國民黨前主席洪秀柱到八百壯士帳篷區聲援

資料來源：「洪秀柱關懷八百壯士」，中評社，2018 年 2 月 27 日，<https://read01.com/zh-tw/0eEm0P3.html#.XBPgJ_ZuLcs>。

8　鄭鴻達，「軍人年改引抗爭 賴揆：本週行政院會不排審」，自由時報，2018 年 2 月 27 日，<http://news.ltn.com.tw/news/politics/breakingnews/2350636>。

　　雖然退輔會主委邱國正以及國防部長嚴德發，曾先後到醫院慰問繆德生家屬，亦表示一定會盡力爭取退役軍人權益。繆德生上校不幸事件，基於尊重家屬意願，未發生如當年洪仲丘事件之大規模政治炒作，而蔡英文政府見事件並未擴大，行政院推動軍改的態度一改「軍人年改沒時間表」的原先說詞，重回堅定蠻橫立場。行政院長賴清德 3 月 2 日在立法院會答覆時代力量立法委員徐永明質詢時表示：「目前軍改跟公教年改同步在 7 月 1 日實施的政策沒有改變，這個會期會把軍改草案送到立法院審議」。[9]

　　3 月 2 日晚上，「八百壯士」於在中山南路立法院周邊舉辦點燈祈福晚會，邀集軍系、社會團體千餘人，祈禱繆德生上校早日康復；唯繆上校因腦幹受損嚴重，慟於 3 月 5 日離世，時年 62 歲。

---

[9]　王承中，「軍改原計畫 7/1 上路 賴清德：政策沒變」，中央社，2018 年 3 月 2 日，<https://www.cna.com.tw/news/firstnews/201803020121.aspx>。

圖 3-23　繆德生上校祈福晚會

圖 3-24　「八百壯士」在立法院前舉行為繆德生點燈祈福晚會 (107-0302)

資料來源：　蕭雅娟，「八百壯士祈福晚會 點蠟燭呼喊：繆德生好起來！」，
　　　　　　聯 合 報 ， 2018 年 3 月 2 日 ， <https://udn.com/news/
　　　　　　story/6656/3009340>。

圖 3-25　為繆德生點燈祈福晚會 吳敦義到場致詞 (107-0302)

資料來源：　林俊良，「八百壯士晚會點蠟燭為繆德生祈福 吳敦義到場致詞
聲援」，聯合新聞網，2018 年 3 月 2 日，<https://udn.com/
news/story/6656/3009460>。

　　民國 107 年 3 月 22 日，繆德生公祭儀式假台北市第一
殯儀館舉行，馬前總統、國民黨吳主席及洪前主席、新黨郁
主席、郝前行政院長，現任國防部長、退輔會主委等均親往
致祭；陸軍官校校友總會並製頒「褒揚狀」，由郝前院長領
銜、13 位上將聯署，頒予繆德生上校遺孀。參加公祭的軍
公教單位達 158 個，4,000 餘人蒞臨悼念，告別式備極哀榮。

圖 3-26 陸軍官校校友總會頒發繆德生褒揚狀

　　繆德生上校一生「捍衛中華法統、維護軍人尊嚴」之精神與堅持「沒有國軍就沒有國家」的理念，將永遠留存於軍系袍澤心中，賡續秉持傳承不懈。（繆德生行誼，參見本書附件二 - 成仁取義 黃埔楷模《繆德生》）

【第三節】

埋鍋造飯第 429 天
「四二五」決戰立法院

　　民國 107 年 4 月 12 日上午，行政院院會通過《陸海空軍軍官士官服役條例》部分條文修正草案，行政院發言人徐國勇舉行會後記者會表示，軍人服役滿 20 年退伍樓地板新台幣 3 萬 8990 元、起支俸率 55%、年增率 2%，預計 7 月 1 日與公教年改同步實施。

　　4 月 12 日下午，「八百壯士」指揮官吳其樑等前往立法院，遞交要求將軍改修正案提釋憲陳情書，由立法院副秘書長高明秋代表接受。「八百壯士」認為法律明定政府負最後支付保證責任，然而，現政府既告訴現役軍人政府負責，卻修法溯及既往；若釋憲結果經大法官會議認定政府合法，「八百壯士」就不再抗爭；如果宣告違憲，應還退伍軍人公道。

圖 3-27 「八百壯士」指揮官吳其樑至立法院遞交要求釋憲陳情書 (107-0412)

資料來源：　游凱翔，「八百壯士立法院遞陳情書 要求軍改案釋憲」，中央
社，2018 年 4 月 12 日，<https://www.cna.com.tw/news/
aipl/201804120296.aspx>。

　　107 年 4 月 16 日，埋鍋造飯第 429 天，行政院版《陸
海空軍軍官士官服役條例修正草案》送立法院審議。4 月 25
日，立法院首度舉辦軍人年金改革法案公聽會，由民進黨籍
立委王定宇主持；公聽會在學者專家以及立委發言之後，國
防部及退輔會代表僅上台唸稿，未對各方發言質疑做任何回
應；「八百壯士」代表嚴詞批評政府違背照顧軍人承諾，公
聽會在下午 1 點前結束。

圖 3-28「八百壯士」代表赴立法院軍人年金改革法案公聽會表達訴求

資料來源：「八百壯士赴立院軍改公聽會表訴求」，中央社，107 年 4 月 25 日，
　　　　　徐肇昌攝。

　　軍人年金改革法案立法院公聽會場外，「八百壯士」號召退伍軍人赴立法院外抗議，舉行護憲維權誓師大會，以「公教法案先釋憲，再施行；軍人法案，現役先行，退役暫緩」為訴求。下午立法院大門爆發激烈衝突，部分退伍軍人翻越立法院外層層拒馬與刺絲網，進入立法院圍牆內廣場；立法院大門旁圍牆上部分鐵欄杆並遭拆除。進入立法院者均被警方以白色塑膠束帶反綁雙手管束。

圖 3-29 立法院大門前群眾與警方爆發激烈推擠 (107-0425)

資料來源：「軍改案衝突 警方與抗議群眾立院持續對峙」，中央社，107 年 4 月 25 日，張新偉攝。

圖 3-30 立法院大門前群眾與警方爆發激烈推擠 (107-0425)

資料來源： 「反年改團體 25 日在立法院外與警方發生衝突，造成多名員警、記者受傷」，中央社，107 年 4 月 25 日，張新偉攝。

圖 3-31　電視新聞報導退軍勇士立院大門上揮舞國旗畫面 (107-0425)

資料來源：翻攝 TVBS 官網

圖 3-32　闖入立法院的退軍勇士遭警方霹靂小組粗暴對待 (陸官 51 期謝健虎)

資料來源：八百壯士指揮部

當日下午，蔡總統指示「施暴現行犯一律逮捕，絕不寬貸」，晚間並透過臉書 (Facebook) 貼文：「政府不會在暴力下低頭，改革會堅持到底」；[10] 行政院長賴清德表示：對於反年改團體暴力行為，「政府將依法究辦，絕不寬貸」。[11] 蔡政府表示對反軍改人士「依法究辦，絕不寬貸」、「立即執法、嚴懲暴力」後，賴清德院長指派行政院秘書長卓榮泰、行政院發言人徐國勇、內政部長葉俊榮、內政部次長邱昌嶽、法務部長邱太三、法務部次長陳明堂於傍晚進駐警政署指揮所。[12]

10　「軍改案衝突 總統：堅持改革不向暴力低頭」，中央社，2018 年 4 月 25 日，<https://www.cna.com.tw/news/firstnews/201804250394.aspx>。

11　侯姿瑩，「軍改案衝突 賴清德：依法究辦絕不寬貸」，中央社，2018 年 4 月 25 日，<https://www.cna.com.tw/news/firstnews/201804250415.aspx>。

12　侯姿瑩，「軍改案衝突 政院秘書長進駐警政署指揮所」，聯合新聞網，2018 年 4 月 25 日，<https://udn.com/news/story/12038/3107706>。

圖 3-33 中國時報頭版報導 蔡政府雙重標準對待太陽花及反年改 (107-0427)

資料來源：　張理國等，「昔寬待太陽花 今研擬『襲警罪』蔡政府雙重標準」，
　　　　　　中國時報 (頭版)，姚志平及陳君瑋攝。

　　在蔡總統及賴院長強硬表態後，警政署長陳家欽下令
「闖入立院一律逮捕」，同時，台北地檢署檢察官進駐台北
市警察局中正一分局指揮偵辦。[13] 警方在傍晚派出霹靂小組
及優勢警力衝出立法院大門，並由中山南路與濟南路口向立

13　「軍改案衝突 陳家欽：闖入立院一律逮捕」，中央社，2018 年 4 月 25
日，<https://www-static-backend.rti.org.tw/news/view/id/407144/
collectionId/261>。

法院大門推進，以奪回大門前之控制權；年輕員警並開始對
抗議群眾採取主動攻擊。

　　在 4 月 25 日下午高強度的警察與抗議群眾推擠衝撞中，
無可避免的會發生員警、記者、群眾多人掛彩受傷情事；但
其中亦有警方人員冒充記者混入群眾中高調蒐證，被群眾識
破揪出。然而，政府掌控之媒體一面倒報導手無寸鐵之年長
退軍同袍，暴力攻擊年輕力壯員警的媒體及記者，「造成
32 名員警、11 名記者受傷」，[14] 偏頗的報導雖暫時使輿論
傾向指責抗議民眾，卻也更激發抗議群眾的憤慨。

圖 3-34 警方以大鐵剪企圖剪斷群眾套在立法院大門上的鐵鍊

資料來源：　蕭雅娟，「反年改爆流血衝突 八百壯士發言人道歉」，聯
合新聞網，2018 年 4 月 25 日。<https://udn.com/news/
story/11311/3107932>。

圖 3-35　警方以破壞剪剪斷拉鐵門之繩索 導致抗議民眾受傷

資料來源：「軍改案衝突 蘇嘉全：絕對不向暴力妥協」，中央社，107 年 4 月 25 日，張新偉攝。

　　陳抗再次濺血：非常遺憾的，在 4 月 25 日下午立法院陳抗行動中，共有六位袍澤受傷送台大醫院急診室，其中兩位需緊急動手術，三位住院。六位勇士均為當日在第一線與警方年青警員發生高強度推擠 — 年紀六旬、手無寸鐵的陸軍官校 47 期同學。

14　溫貴香，「軍改案衝突 蘇嘉全：絕對不向暴力妥協」，中央社，2018 年 4 月 25 日，<https://www.cna.com.tw/news/aipl/201804250409.aspx>。

其中傷勢最為嚴重者為前陸軍司令部軍事情報處處長陳咸嶽上校，遭警方破壞剪公然剪斷左手小指，需要緊急手術截肢，以避免傷口擴大感染。另一位傷勢嚴重需動緊急手術者，為左手小指遭阻絕鐵絲網架壓斷一截之林詮興，最為難得可貴的是：出錢出力、不畏寒風苦雨，全勤參與「八百壯士」歷次陳抗活動的陸軍官校 47 期林詮興勇士，並未享有任何退休俸待遇。

圖 3-36 遭警察以破壞剪斷指之陳咸嶽上校送台大醫院緊急開刀

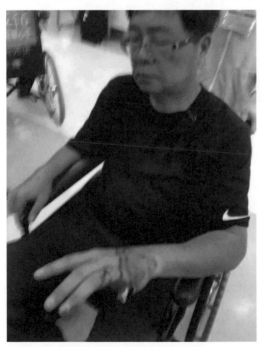

資料來源：陸軍官校 47 期同學會

圖 3-37　指揮官吳其樑將軍至台大醫院慰問受傷之林詮興勇士

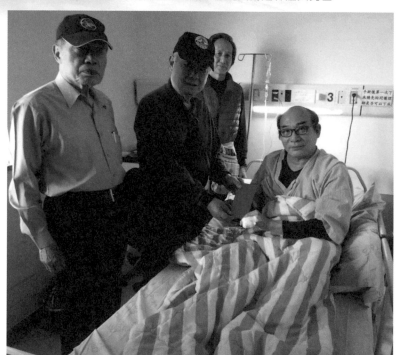

資料來源：陸軍官校 47 期同學會

　　國民黨前主席洪秀柱、副主席郝龍斌及國民黨籍費鴻泰等多位立法委員均到立法院前關心「八百壯士」。郝龍斌並至台大醫院慰問受傷住院的人員，在「八百壯士」指揮部停留至深夜始離去；洪秀柱則在立法院大門中山南路馬路上，在警方盾牌人牆前靜坐約 1 小時，並慰問執勤員警。

圖 3-38 洪秀柱夜間至立法院前靜坐 聲援「八百壯士」（107-0425）

資料來源： 八百壯士指揮部

圖 3-39 0425 晚，「八百壯士」夜宿立法院旁中山南路

資料來源： 廖炳棋，「3500 人對上 1200 名警察 反年改與警晚間各找增援」，
聯合新聞網，2018 年 4 月 25 日，<https://udn.com/news/
story/7321/3107407>。

圖 3-40　黃復興黨部以行動聲援「八百壯士」陳抗活動

資料來源：「學生受擾怒轟『太誇張』」，今日新聞 NOWNEWS，
2018 年 4 月 26 日，<https://www.nownews.com/
news/20180426/2743184/>。

圖 3-41　全國公務人員及軍公教警消等協會聲援「八百壯士」陳抗活動

資料來源：羅吉倫

　　4 月 25 日下午與警方爆發嚴重衝突中，進入立法院之退軍們，計有一位中將、三位少將，有曾任戰鬥艦艦長、戰鬥直升機飛行員等；最年長的 73 歲，平均年齡 60 歲以上；其中有老師、碩博士。渠等遭警方逮捕管束後，均以白色塑膠束帶反綁雙手，部分退軍同袍並遭台北市警局霹靂小組年青警員粗暴對待。

圖 3-42　遭警察粗暴壓制限制自由的退伍軍人同袍

資料來源：羅吉倫

　　當日共有 63 名退伍同袍遭警方管束，晚間以警備車移往台北市保安大隊製作筆錄，由檢察官漏夜偵訊；其中 9 人以涉嫌妨害公務罪嫌移送台北地檢署聲押，創下罕見紀錄。

圖 3-43　被警方留置一晚的八百勇士們步出台北市保大 (107-0426)
陸官 45 期戈先麟、47 期晏瑞祥及 51 期謝健虎（上圖由右至左）

資料來源：羅吉倫

圖 3-44　「八百壯士」伙伴們列隊歡迎被警方限制自由的勇士返家 (107-0426)

資料來源：林健華

15　張宏業，「反年改爆衝突 警方建議 9 人聲押」，聯合新聞網，2018 年 4 月 26 日，<https://udn.com/news/story/7321/3109292>。

　　警方擬以「組織犯罪條例」偵辦「八百壯士」相關領導幹部，台北市警局中正一分局於 5 月 10 日傳喚「八百壯士」吳斯懷等五位說明，並依涉嫌刑法 153 條「煽惑他人犯罪」將吳斯懷、曹維琪及黃冬輝三人函送法辦，吳斯懷則表示係為了數十萬袍澤而努力，「問心無愧」。[16]

圖 3-45　八百壯士幹部因 0425 事件至中正一分局說明 (107-0510)

資料來源：　「吳斯懷赴中正一分局約談」，中央社，2018 年 5 月 10 日，王飛華攝；曹維琪。

16　蕭雅娟，「八百壯士等 5 人遭函送法辦 吳斯懷：問心無愧！」，聯合新聞網，2018 年 5 月 10 日，<https://udn.com/news/story/7321/3135748>。

圖 3-46　八百壯士幹部因 0425 事件至中正一分局說明 (107-0510)

資料來源：　「吳斯懷赴中正一分局約談」，2018 年 5 月 10 日，中央社，王飛華攝；曹維琪。

　　（謹註：被台北市中正一分局移送法院行政裁處的 48 人，台北地方法院審理認為：「人民在任何場所行使請願權，難免對場所的秩序產生影響，國家應給予最大限度的維護」，於 9 月 12 日裁定全部不罰）。[17]

17　王聖藜，「反年改衝立院 48 人不罰 法官：人民請願應給最大維護」，聯合新聞網，2018 年 9 月 12 日，<https://udn.com/news/story/7321/3363697>。

【第四節】

堅持最後一哩路

　　107 年 5 月 9 日，埋鍋造飯第 443 天，立法院召開第九屆第五會期第 16 次外交及國防委員會議，開始審查《陸海空軍軍官士官服役條例》修正草案。由於外交及國防委員會 14 名委員中，民進黨 8 席、時代力量 1 席，國民黨僅 5 席，民進黨首先以人數優勢表決通過延長 5 月 9 日會議時間至午夜 12 時，在連續兩天逐條審查後，5 月 10 日下午通過初審；共計通過或修正計 33 條，其中退俸起支俸率、優存調降與退撫基金提撥費率等朝野無共識爭議條文 28 條送院會審查。依立法院議事規則，《陸海空軍軍官士官服役條例》修正草案進入一個月之法案冷凍期，由院長（委員會）召集政黨協商。

3-47 立法院初審軍改法案 黃復興黨部動員監督 (107-0510)

資料來源：「軍改草案審查牛步 10 日上午繼續審查」，中央社，107 年 5 月 10 日，王飛華攝。

圖 3-48 聯合報頭版報導立法院通過軍改初審 (107-0511)

　　《軍官士官服役條例》法案初審通過後，「八百壯士」指揮官吳其樑將軍發表「精神傳承與轉型」聲明，指出：「從軍人退撫改革執行以來所見，20場年改會議換來一句『軍人職業特殊須單獨設計』，爾後即不停地分割，先將『軍與公教切開』，再來『切割現役、退役』、再來『切割軍官高階、低階』等策略，民進黨一直以『年金』謬誤的思維去包裹刪減軍人『退休俸』，視法定契約責任不顧……。這樣蠻橫的政治手段，當然無法使退軍袍澤屈服與認同」；「如今政府在爭議不斷與未溝通下，端出一個『55＋2』的『軍改服役條例』案。對退軍訴求『信賴保護、不溯既往』及要求『現役先行、退役暫緩』之建言，一直置若罔聞」。

　　吳其樑指揮官強調：「雖然執政黨用盡國家機器所有手段，但八百壯士仍然屹立不搖，原因無他，古有明訓：『邪不勝正』。我們堅持傳承黃埔「親愛精誠」的精神，不計毀譽，因為我們正在寫歷史，爭的是憲政法理與尊嚴；我們不容民主法制被破壞，我們也不信公理正義喚不回來」。[18]

---

[18]　「八百壯士指揮官『精神傳承與轉型』感言聲明 講話簡稿」，中華民國退伍軍人協會，2018年5月10日，<http://www.varoc.org.tw/vnews/showpnews.asp?id=147>。

協力公教警消等團體至司法院遞送「公教年改釋憲聲請書」

在「八百壯士」居間協調下，獲得親民黨立委 (3 席) 和無黨籍高金素梅委員支持，加上國民黨合計 38 席，超過立法委員三分之一的提出釋憲門檻。5 月 17 日，「八百壯士」在立法院召開記者會，指揮官吳其樑表示：基於軍公教警一體的理念，積極邀集法律專業顧問同步策擬，完成公、教、軍人釋憲書，經多方努力，獲得國民黨、親民黨及無黨團結聯盟立委高金素梅等 38 位立委的支持，完成連署，達成軍公教一致期盼釋憲的想法；[19] 現階段優先提出公教釋憲聲請。

圖 3-49 「八百壯士」在立法院召開有關公教年改釋憲記者會 (107-0517)

資料來源： 劉冠廷，「公教年改釋憲案 八百壯士獲國親幫忙連署」，中央社，2018 年 5 月 17 日，<https://www.cna.com.tw/news/aipl/201805170068.aspx>。

圖 3-50 「八百壯士」協力公教警消遞交「公教年改釋憲聲請書」(107-0613)

資料來源：「反軍改團體『八百壯士』13 日在司法院大門外集結，抗議軍改案，
　　　　　表示將聲請釋憲」，中央社，107 年 6 月 14 日，郭日曉攝。

圖 3-51 「八百壯士」協力公教警消遞交「公教年改釋憲聲請書」
中國國民黨立法委員到場聲援 (107-0613)

資料來源：「反軍改團體『八百壯士』13 日上午集結在司法院門口，提出聲請
　　　　　釋憲」，中央社，107 年 6 月 13 日，郭日曉攝。

19　劉冠廷，「公教年改釋憲案 八百壯士獲國親幫忙連署」，中央社，2018
　　　年 5 月 17 日，<https://www.cna.com.tw/news/aipl/201805170068.
　　　aspx>。

「八百壯士」的強力抗爭行動，
引起國外媒體的注意

　　6 月 18 日下午，德國第一電視台 (Das Erste) 記者一行四人至「八百壯士」帳篷採訪，了解退伍軍人的主張與訴求，擴大讓歐洲地區民眾瞭解實況。

圖 3-52　德國第一電視台記者至「八百壯士」帳篷採訪

資料來源：八百壯士捍衛權益指揮部

圖 3-53　八百壯士」副指揮官吳斯懷接待德國第一電視台記者

資料來源：同上

立法院民進黨以多數暴力三讀通過
《陸海空軍軍官士官服役條例修正案》

　　6月20日，埋鍋造飯第484天，立法院經過連續四天朝野協商後，開始審理《陸海空軍軍官士官服役條例修正草案》，包括起支俸率、18％優惠存率、施行日期等14條爭議條文均保留到院會處理。二讀條文規定，俗稱「樓地板」的最低保障金額3萬8,990元，服役滿20年的退休俸起支俸率為55％，每增加1年加2％，軍官、士官所得替代率上限分別為90%和95%。另外，二讀條文也針對18%優惠存款訂出退場機制，若退役軍人原領月退休所得（含18%優存）高於新制月退休俸，新舊制之間的差額將分10年平均調降。

圖 3-54 立法院臨時會審查軍改案期間 退軍同袍集結關切

資料來源： 胡經周，「立院臨時會軍改二三讀 八百壯士集結抗爭」，聯合新聞網，2018年6月20日，<https://udn.com/news/story/6656/3208097>。

圖 3-55 立法院臨時會審查軍改案期間 退軍同袍集結關切

資料來源：「反軍改團體八百壯士上午在立法院旁青島東路集結，關注立法院
　　　　　內法案處理狀態」，中央社，107 年 6 月 20 日，施宗暉攝。

圖 3-56 軍改三讀當天立法院周邊抗議遊行 (107-0620)

資料來源：　「立院審軍改 八百壯士場外繞行」，中央社，107 年 6 月 20 日，
　　　　　施宗暉攝。

圖 3-57 軍改三讀當天立法院周邊抗議遊行－陸軍官校 47 期 (107-0620)

資料來源：「立院審軍改 八百壯士繞行院外表訴求」，中央社，107 年 6 月 20 日，施宗暉攝。

　　107 年 6 月 20 日深夜 11 時 20 分，立法院民進黨籍立法委員以人數優勢，三讀通過《陸海空軍軍官士官服役條例修正案》；並成為 6 月 21 日國內各大報頭版新聞。而國防部、行政院、立法院及總統府則展開超高行政效率，半天之內完成所有公文程序，總統府隨即於 6 月 21 日公布修正《陸海空軍軍官士官服役條例》，除第 26、37、45、46 條於 107 年 7 月 1 日施行外，其餘條文均於 107 年 6 月 23 日施行。

圖 3-58 立法院三讀通過「軍改」案 國民黨團拒絕背書 (107-0620)

資料來源：翻攝 TVBS 官網

圖 3-59 立法院三讀通過「軍改」案 國民黨團拒絕背書 (107-0620)

資料來源： 蘇龍麒、王承中，「軍改案拚三讀 朝野爆發零星推擠衝突」，中央社，107 年 6 月 20 日，徐肇昌攝。

圖 3-60　立法院三讀通過「軍改」案 成為 6 月 21 日媒體頭版新聞

民進黨政府在歡欣鼓舞之際，總統府於 6 月 21 日 1330時針對年金改革方案通過召開記者會，蔡總統矯情地表示：「代表國家向各位說聲抱歉」、「我要再一次，以總統的身分，向所有的軍公教同仁，致上我最深的謝意」；[20] 陳副總統表示：「我也要向退休軍公教人員表達歉意，由於你們的

20　「年金改革方案通過　總統：年金制度的健全化　使國家社會更穩固」，總統府國家年金改革委員會，2018 年 6 月 21 日，<https://pension.president.gov.tw/News_Content.aspx?n=24EEE60D085C3437&sms=C3C8C7E3C8A38EF2&s=DA4CC206E34F2C9D>。

犧牲小我、完成大我，損失退休金的收入，承受年金改革的陣痛，而必須改變退休生活的規劃，謹在此向所有軍公教朋友們表達十二萬分的歉意，同時，我也要對你們能夠為台灣的更美好而犧牲，再次表達謝意和敬意」。[21] 國防部長嚴德發則在總統府記者會中表示：「代表國軍現役 14 萬 8 千餘位官兵，感謝政府對國軍的關懷與照顧」，「這項制度對於現役 98.7% 官兵在退役後將能受到更好的照顧，有利募兵制推動，也有助於提升國防戰力提升軍隊的士氣」，而且「這次新的軍人退撫制度，也能夠激勵我們軍人的戰志」。

「八百壯士指揮部」在 6 月 22 日發表聲明，表示：「雖然軍改最後拼圖強行過關，早在意料之中，但內心中著實仍悲憤莫名，我們要大聲地告訴國人，不是政府的基金有問題而是國家信用徹底破產，這樣違法違憲的執政黨，人民唾棄不恥，遲早會讓其消失於歷史的灰燼中」；「八百壯士」並抨擊蔡政府在退伍軍人陳抗期間，「動用了國家整個行政機器、民粹、政客、綠嘴與附屬份子進行抹黑、封殺及極盡

21　「副總統：建立『世世代代領得到，長長久久領到老』的新年金制度」，總統府國家年金改革委員會，2018 年 6 月 21 日，<https://pension.president.gov.tw/News_Content.aspx?n=24EEE60D085C3437&sms=C3C8C7E3C8A38EF2&s=A788CAB425427CA4>。

污衊鬥爭的手法，將退軍袍澤扣上『反年改、暴民團體』封號」。[22] 執政者表面上談「改革」，但實際上是「假改」，是完完全全的政治算計。

小結

　　「八百壯士護憲維權指揮部」經歷 485 天抗爭後，立法院最後通過的《陸海空軍軍官士官服役條例修正案》，雖然依「國家年金改革委員會」之決議採單獨處理。亦即，軍人的退休俸調降相較公教人員，在所謂「樓地板」的最低生活保障金額、服役滿 20 年的退休俸起支俸率、所得替代率、18% 優惠存款利率調降時程等方面均有所不同。然而，「八百壯士」痛心疾首的不是退休俸被刪減的多寡，而是「國家憲政體制完全破壞」，以及「政府信用徹底破產」。

　　《陸海空軍軍官士官服役條例》完成修法程序後，所謂的軍公教年金改革已於 107 年 7 月 1 日同步實施新法。

　　「八百壯士」在立法院旁「埋鍋造飯」抗爭的階段結

22　「八百壯士鑑證執政黨『軍人服役條例修惡、違憲欺騙霸凌立法』事實」，中華民國退伍軍人協會，2018 年 6 月 22 日，<http://www.varoc.org.tw/vnews/showpnews.asp?id=173>。

束，但是法案通過後，仍有許多法定程序必須持續完成，才能確保所有退伍軍人的合法權益。「八百壯士指揮部」不能無視兩年來一起櫛風沐雨、埋鍋造飯的袍澤，對未來「訴願、訴訟、釋憲」的現實需求；面對複雜而冗長的行政程序，非有一個專責團體因應規劃，無法持續為退伍袍澤服務；在此情勢下，「八百壯士護憲維權指揮部」選擇繼續承擔責任，規劃轉型為社團法人，抗爭路線進入下一個歷史新篇章。

不容青史盡成灰
不信公理喚不回

【第四章】

不容青史盡成灰 不信公理喚不回
「八百壯士」對軍人退撫制度改革的理念與評析

　　「八百壯士護憲維權指揮部」除動員退伍軍人同袍抗議不公不義之「年金改革」，堅持「法律不溯既往」及「信賴保護原則」，並向司法院大法官會議提出釋憲準備。「八百壯士」對軍人退撫制度改革有完整的主張與論述，並持續與「年改會」、退除役官兵輔導委員會及國防部等軍人年改法案主管單位溝通。對國防部於民國 106 年 11 月 14 日公布之「軍人退撫新制草案」，以及 107 年 6 月 20 日深夜，立法院三讀通過之《陸海空軍軍官士官服役條例修正案》，亦深入分析與批判。

圖 4-1 軍改法案完成初審 退伍軍人難掩落寞之情 - 海官郭彰平、林岱學長
(107-0510)

資料來源： 陳明安，「軍改完成初審 八百壯士難掩情緒泛淚」，今日新聞
NOWNEWS，2018 年 5 月 10 日，<https://www.nownews.
com/news/20180510/2751948/>。

【第一節】
與「軍人年金改革」主管單位溝通

　　民國 106 年 5 月 11 日，「八百壯士」主要幹部吳其樑、吳斯懷、葉宜生、王忠義、羅睿達等人，在立法院國防委員會召委王定宇陪同下，至行政院拜會「國家年金改革委員會」副召集人兼執行長林萬億政務委員，討論軍人年金改革事宜。並於 5 月 12 日以「國家年金改革委員會」名義發佈正式新聞稿，表示雖然會談中對部分年金改革幅度、原則仍有歧見；但在雙方充分溝通後，達成以下共識：

一、　年改會重申年金改革是改革制度，制度的產生是經年累月的結果，而非任何軍公教個人造成，請社會大眾不要針對個人相互攻擊或污名。

二、　軍人年金改革版本定案前，請國防部邀請退伍軍人代表參與討論，其中年改委員應優先受邀參加。[1]

1　「國家年金改革委員會新聞稿」，總統府國家年金改革委員會，106 年 5 月 12 日，<https://pension.president.gov.tw/News_Content.aspx?n=24EEE60D085C3437&sms=C3C8C7E3C8A38EF2&s=2459FE243C19AA5A >。

　　5月19日，八百壯士指揮部邀集退輔會主委、國防部資源司長與退伍軍人代表，於中華民國退伍軍人協會溝通「軍人年金改革」有關事宜。會議中退輔會主委，國防部資源司長針對草案進度及未來概略方向，皆有原則性說明，與會代表發言踴躍，退伍軍人代表主要訴求概要如下：[2]

一、　堅持依據憲法，要求政府遵循法律不溯及既往及信賴保護原則。

二、　軍人因工作性質特殊，平時必須24小時服勤，從未領取加班費；戰時隨時準備為國捐軀；受服役條例限制被迫壯年退伍，這些事實，政府理應正視。

三、　世界各國退伍軍人退撫制度改革，從來沒有溯及既往案例。

四、　軍人領取的(月退休俸加18％)是完整月退俸，乃政府法定應支付延遲給付薪資，不是年金。

五、　軍人退撫改革方案草案定稿前，必須由國防部、退輔會邀集各軍系團體代表參與充分討論，取得共識後，

2　「『八百壯士』指揮部公告」，中華民國退伍軍人協會，2017年5月20日，<http://www.varoc.org.tw/vnews/showpnews.asp?id=35>。

再呈報行政院核定,提交立法院審議。

圖 4-2 八百壯士指揮部邀請退輔會主委等溝通年金改革事宜 (106-0519)

資料來源:「『八百壯士』指揮部公告」,中華民國退伍軍人協會,2017 年
　　　　　5 月 20 日,< http://www.varoc.org.tw/vnews/showpnews.
　　　　　asp?id=35>。

圖 4-3 退伍軍人代表參加與退輔會及國防部溝通年金改革情形 (106-0519)

資料來源: 同前圖

圖 4-4 認識「八百壯士」的說帖 (106-1025 印製)

圖 4-5 認識「八百壯士」的說帖 (106-1025 印製)

資料來源： 八百壯士指揮部

　　106 年 11 月 14 日，國防部公布「軍人退撫新制 (草案) 重點」方案，11 月 20 日國軍退除役官兵輔導委員會主任委員李翔宙於第九屆第四會期外交及國防委員會議上答詢民進黨立法委員羅致政，宣稱「軍人退撫新制」草案「60 ％ 可接受、30 ％ 沒有意見、10 ％ 極力反對」，[3] 退軍袍澤對李翔宙主委以假數據公然說謊感表不滿及憤怒。

　　11 月 30 日上午 9 時，八百壯士指揮部發動退軍至退輔會陳抗，主委李翔宙出席行政院會議，政務副主委李文忠未露面，迄 10 時後由常務副主委呂嘉凱、退除給付處處長王德本出面協商及接受陳情抗議書。並遴選 10 餘位各軍種代表至退輔會會議室表達意見，歷時近中午始告結束。

3　呂伊萱，「退輔會：退伍軍人 60% 可接受、10% 極反對」，自由時報，2017 年 11 月 20 日，<http://news.ltn.com.tw/news/politics/breakingnews/2258953>。

圖 4-6　退伍軍人團體至退輔會抗議李翔宙主委公然說謊 (106-1130)

資料來源：　海軍官校校友會、陸軍官校 45 期同學會

退伍軍人表達的立場與相關事項要點：[4]

一、　退輔會在立法院所敘述的「60 % 可接受、30 % 沒有
　　　意見、10 % 極力反對」數據的事實，應開大門走大
　　　路明確予以攤開，同時公開向國人澄清及道歉，雖然
　　　11 月 30 日有所改口變更，但仍難消減退軍對退輔會

4　「八百壯士摘述 106.11.30 至退輔會陳抗退軍袍澤表達的立場及相關要
　　點」，中華民國退伍軍人協會，2017 年 11 月 30 日，<http://www.
　　varoc.org.tw/vnews/showpnews.asp?id=97>。

的積怨與怒氣。八百壯士建議願意在帳篷區提供必要空間，給予退輔會再一次實施民調，力求公開透明地辦理，以昭公信。

二、　查全世界具有軍人武裝力量計 193 個國家，從未見有任何一個國家實施退撫制度改革，有「溯及既往」以及採砍殺軍人退休俸的方式進行，只有中華民國當今掌權的執政黨；美其名參酌美軍制度，連其基本的精神都達不到，另美軍 20 年具支領退休俸條件者，為何起資俸率訂定 50%，因美軍月薪高達 3、40 萬台幣，退時既使折半，亦比國軍高出甚多，這是政府詭詐欺騙國人，從不言明之處？

三、　任何國家退撫制度改革基本的理則，應秉持照顧軍人立場為優先，政策作為皆以「愈改愈好」為導向，唯有如今執政者引領一群政客亂權舞私，完全無視憲法軍制永續，企圖將退休袍澤全部一體修法採用「新新制」，不斷麻醉式地放話，考量軍人職業特殊需單獨處理；以改「制度」不以「財務」為考量；妄言表彰自己是軍人「靠山」，從不與退軍溝通傾聽退軍心

聲，退軍袍澤有接受、認同嗎？否則為何仍然陳抗不斷呢？我們退軍袍澤共同的心聲是「政府對現役者改革能有更優渥待遇，樂觀其成；至於退軍方面，我們不奢求任何制度變革的利益，只要維持原退除時，依法核定的退除給與不變」而已！

四、　　制度整併財源來自已退休袍澤，退輔會號稱年編 100 億撥補基金；這個政府早已毀約背信，政治角力下，爾後每五年要定期再做檢討調整，請問軍心士氣、戰力何日能企求提升與穩定？砍殺退伍軍人經費，美其名挹注入軍人退撫基金內，可讓軍人退撫基金運作 30 年無虞，請問計算依據為何？又說 30 年可累積餘額達 1,931 億元，請將財務估算明確公告周知？

五、　　退輔會身為退伍軍人主管機關，面對軍人退撫改革，若不能積極爭取袍澤應有權益，配合年改會一味玩弄無良權詐作為，終將招致退休袍澤唾棄與不恥，令人灰心無感結果，遲早必然淪為走入歷史。「八百壯士護憲維權指揮部」再次嚴正建議，退輔會基於照顧全

體榮民責任的立場，歡迎於 106 年 12 月 17 日配合慶祝「行憲紀念日暨八百壯士埋鍋造飯 300 天」活動一起參與，並將 11 月 30 日座談要求事項處理情形，以書面主動公告周知，期挽回退軍、榮民袍澤喪失之信心。

圖 4-7　退伍軍人團體至退輔會抗議李翔宙主委公然說謊 (106-1130)

資料來源： 海軍官校及空軍官校校友會

【第二節】
「八百壯士」對軍人退撫制度改革的立場

　　「八百壯士護憲維權指揮部」對軍人退撫制度改革的理念十分清楚，就是「護憲」與「維權」：**堅持法理體制、不得違憲亂改；堅持不溯既往、維護軍人尊嚴。**[5]

圖 4-8　「八百壯士」的堅持－維護軍人尊嚴

資料來源：　「2016 年 9 月 3 日台北市／九三軍公教大遊行，氣憤的參與者高舉快要捏爛的『要尊嚴』標語，向小英政府發出怒吼」，中國時報，姚志平攝。

---

[5]　「『八百壯士』指揮部統一說帖」，中華民國退伍軍人協會，2017年 6 月 9 日，<http://www.varoc.org.tw/vnews/showpnews.asp?id=36>。

「八百壯士護憲維權指揮部」認為立法院於 107 年 6 月
20 日三讀通過的《陸海空軍軍官士官服役條例修正案》，
嚴重侵害《憲法》保障人民之財產權、工作權及生存權等權
利，其適用亦有違反《憲法》上之法律不溯及既往、信賴保
護原則及比例原則、平等原則等情事，產生牴觸《憲法》與
適用上之疑義。

《陸海空軍軍官士官服役條例》中相關條文，變更軍
官、士官退除給與計算基礎，削減退除給與優惠存款利息，
限制退除役人員就任或再任而予停俸，刪減優惠存款利息做
為給付財源，並溯及適用退休除役人員。上述修法嚴重侵害
被規範對象退伍軍人的財產權，工作權及生存權等《憲法》
所保障的權利，且違反法律不溯及既往原則、信賴保護原
則、比例原則等《憲法》基本原則。

具體而言，《陸海空軍軍官士官服役條例》有六項違憲
之處：

一、違悖信賴保護原則及比例原則。

二、侵害人民財產權。

三、侵害人民工作權。

四、悖離人性尊嚴予國家生存照顧義務。

五、違反法律不溯及既往原則。

六、針對性修法有違法律平等原則與比例原則。

　　「八百壯士」認為我國整體財政狀況、國家負債比等，與世界主要國家相較，均尚稱良好，質疑政府操作退撫基金投資不利，卻將後果轉嫁由退除人員承擔。因此，「八百壯士」要求在司法院大法官作成解釋之前，先暫時停止實施軍改新制，以免造成人民權益受損。

「八百壯士」對「軍改」的基本立場

　　「八百壯士」代表退伍軍人對「軍改」的基本立場，在 106 年 11 月 30 日陸軍軍官學校校友總會與「八百壯士護憲維權指揮部」向退輔會嚴正提出之陳情抗議書中，清楚表達：[6]

一、　任何改革都不能違憲、違法，這是改革的極限，亦為「法治國家」及「民主國家」應遵循的基本原則。

---

[6]　「八百、陸官校友總會至退輔會陳情抗議書」，中華民國退伍軍人協會，2017 年 11 月 30 日，<http://www.varoc.org.tw/vnews/showpnews.asp?id=96>。

二、　軍人退休時領的是法定「退除給與」，不是年金；退
　　　休俸是法定延遲給付的薪資。主委說退役者是既得利
　　　益信賴不保護；我們要說既得權利符合信賴保護，堅
　　　決反對退輔會提供給年改會「橫柴入灶」的版本。

三、　純舊制人員免繳退撫基金；新制已退人員業已完成提
　　　撥過程；新新制需調高提撥率，不同費率卻相同給
　　　付，符合給付權利原則嗎？

四、　舊制轉換新制，政府減掉 35 ％ 責任；舊制、新制轉
　　　換為新新制，政府減掉 100 ％ 責任，退伍軍人扛起
　　　買單責任。舊制搬進新制、新制再搬進新新制；舊制、
　　　新制一起搬進新新制，這不叫改革應稱為五鬼搬運；
　　　退輔會可曾細思？

五、　制度整併財源來自已退休袍澤，退輔會號稱年編 100
　　　億撥補基金；這個政府早已毀約背信，政治角力下，
　　　爾後每五年要定期再做檢討調整，請問軍心士氣、戰
　　　力何日能企求提升與穩定？

六、　退伍軍人一輩子為國家盡忠，在營時不分晝夜的辛
　　　勞，24 小時值勤戰備超勤工作付出，為何從未聞退

輔會站在照顧退役袍澤，強力要求政府應給予檢討補
償，替退休袍澤爭取最大利益？

七、　　砍殺退伍軍人經費，美其名意挹注入軍人退撫基金
內，可讓軍人退撫基金運作 30 年無虞，請問計算依
據為何？又說 30 年可累積餘額達 1931 億元，請將財
務估算明確公告周知？

「八百壯士」對軍人退撫制度改革的基本訴求：

一、　　憲法保障軍人退伍後的權益，軍人 18% 有法源依據。

二、　　退伍軍人依法領取的是「退除給與 (包含 18 %)」，
不是年金。

三、　　針對退伍軍人部分，始終如一的訴求，堅持法律不溯
及既往。退伍軍人與國家 (雇主) 法律上權利義務關
係已經結束，我們沒有重新選擇的機會，失去的歲月
不可能恢復，要求國家履行法定責任。

四、　　現役軍人的退撫制度改革 (不是年金)，國防部應事
前徵求現役軍人意見，修法一旦定案，法令生效前，
還有機會決定去留，但國家必須承擔後果。

五、　新法出爐後，還有沒有人願意投身軍旅，年輕人自己
　　　會抉擇，目前召募志願役慘狀，基層缺員嚴重，已經
　　　釋放明確警訊，政府必須正視這現象。

六、　美國在台協會主席莫健正式提出質疑，退伍軍人長
　　　期、大量在街頭抗爭，這樣的年金改革是否會動搖軍
　　　心，影響國家安全，間接影響美國國家利益。

七、　目前領取月退俸人數 12 萬 2 千人，平均年齡 66 歲，
　　　有 18 % 優存人數 95,356 人。公務人員跟教育人員領
　　　月退俸的比率超過 90 %，軍人因職務特性、工作環
　　　境特殊，領月退俸人數只有 25 %。(國防部年改會資
　　　料)

八、　為國家付出一生青春歲月，臨老被國家拋棄，為這
　　　12 萬多平均 66 歲老人，大動干戈，不惜軍心動盪，
　　　動搖國本？值得嗎？

【第三節】

「八百壯士」對軍人退撫制度的論述

「八百壯士護憲維權指揮部」自成立以來,對於軍人退撫制度所發表的論述逾百篇,重要評論皆以「八百壯士」指揮官吳其樑、副指揮官兼發言人吳斯懷及文宣組組長葉宜生三位將軍具名。自 106 年 11 月國防部公布《軍人退撫新制草案》後,「八百壯士」於 107 年 1 月起,發表一系列的五篇評析,以揭穿「改革謊言」、披露「事實真相」,並提出具體之「評析說明」。

八百壯士評析「軍人退撫新制變革之一」(107/1/25)[7]

國防部於 106 年 11 月 14 日公布「軍人退撫新制草案」,經「八百壯士」逐一深入研析,此一軍版方案重點,美其名

---

[7]　「八百壯士評析『軍人退撫新制變革之一』」,中華民國退伍軍人協會,2018 年 1 月 25 日,<http://www.varoc.org.tw/vnews/showpnews.asp?id=115>。

為借鏡參酌美軍制度予以規劃，旨在將不同時期制度退休及現役軍人之退撫制度整合，以財務重分配理念，達成其政治承諾的改革。

縱觀『軍人退撫新制草案 (50 ％ ＋ 2.5 ％)』規劃的內涵與目的，不外乎企圖完成四項剝削霸凌的變革，完全無視現役軍心士氣維護、退役軍人體恤照顧與嚴重危及國安等問題。項目如下：1、消除 18 ％；2、轉嫁彌補基金缺口；3、拉平同階同年資，整合不同時期制度給付問題；4、刪減已退伍人員（含具舊制年資現職人員）法定給付，提高現役人員未來退伍給付。

為避免造成評析政府政策與規劃不當失焦，八百壯士特針對即將出爐的軍版制度分段逐一批駁，以使國人及退伍軍人袍澤深入瞭解政府改革的謊言、事實真相，勿再受以訛傳訛，不當變革的欺瞞。首先由「消除 18 ％ 優存利息」說起：

◎**改革謊言：**強調 18% 優存不具法源，污名化領取者為「既得利益」，意圖規避政府法定責任。

◎**事實真相：**軍人 18% 具有子法、母法等法源依據。

◎評析說明：

★　《兵役法》14 條→《陸海空軍軍官士官服役條例》48 條→《陸海空軍軍官士官服役條例施行細則》第33 條：優存辦法由國防部會商財政部定之。→《陸海空軍退伍除役官兵退除給與及保險退伍給付優惠儲蓄存款辦法》第 3、4 條：明確訂定優存年息不得低於 18 %。

★　依據行政程序法、中央法規標準法迄今仍稱「辦法」，屬有法源之行政命令，位階僅次於憲法與法律之下，為有效之法規命令。

★　18% 優存明定「儲金制」實施前之年資換算金額，始可納入優惠存款，亦屬於政府法定公務預算編列範圍。

★　退伍金、退休俸與 18 % 優存皆屬於依法核發「退除給與」而非「年金」，法律解釋非常明確。優惠存款利息為退除給與的一部分，且佔退除給與 35 ～ 45 %，任何違法減少給付的改變，強制霸凌剝削都不能接受。

八百壯士評析「軍人退撫新制變革之二」 (107/1/26)[8]

我國 84 年 7 月 1 日起施行「儲金制」(funded)，軍職於 86 年 1 月 1 日加入，之前皆稱為「恩給制」，簡單的說：「無須繳費，國家對退伍軍人退除給與承擔完全的責任」。制度變革後退役人員稱為「跨新舊制」或「純新制」，雖然發放退休俸、退伍金單位不同，但在法制上必須完成一定勞務年限 (齡) 後，才能依法取得退除給付的要件，支領「延遲給付的薪資」。

近年來國內常有爭論「退休金」（pension）是否為「年金」（annuity）？法制解析「退休金」不是「年金」，因為退休金不是社會福利。事實上論點僅對了一半，「退休金」的確不是「年金」；但「年金」也不是「社會福利」，「年金」亦屬是一項安排，從退休支付到死亡的定期給付。

軍人「退除給與」是當事人公忠體國辛辛苦苦工作一輩子，到退休時才能領到的法定給付。如今政府將付出青春和

---

8 「八百壯士評析『軍人退撫新制變革之二』」，中華民國退伍軍人協會，2018 年 1 月 26 日，<http://www.varoc.org.tw/vnews/showpnews.asp?id=116>。

勞動力才獲得的工作所得，和社會新鮮人的所得相比較，不斷地污名化為「不公義年金，一定要改」，破壞世代和諧，蠻橫剝削不僅作為不當，更是有失政府誠信，令退伍軍人無法苟同。

延續檢討「軍人退撫新制草案」變革規劃不當，第二項「轉嫁彌補基金缺口」問題：

◎**改革謊言**：軍人以改「制度」為主，不以「財務」為考量。

◎**事實真相**：將精簡及募兵政策失當，畫靶射箭轉嫁由退伍軍人口袋掏錢去彌補基金缺口，減輕規避政府財政負荷。

◎**評析說明**：

★　民主法治的國家，政府皆應遵守「信賴保護與不溯既往」的原則，乃因「國家」有其一體性，依選舉成為繼任者，就要一肩承擔所有的責任，這是「民主」與「革命」取得政權者（或獨裁專制者）不同之所在。「年金」將破產，與「國家」將破產是兩回事。「年金」將破產，是歷任執政者消極不作為所致，繼任者

如不想承擔，當初就不應該「參選」成為總統。

★ 國軍自 86 年起推動精實案，軍職人數從 46 萬減到 21.5 萬人，軍隊裁員及基金經營績效不彰，造成退撫基金缺口達 149 億元、軍人保險基金 411 億餘元計 560 億。另依精算報告預估，在提撥費率維持現行 12% 不變，政府不採取專案補足措施，軍職人員基金將於 109 年用罄，此為政府應負的法定責任，非退伍軍人應該承擔的。

★ 強調軍人退撫制度單獨處理，基於「促進招募、穩定現役、安撫退員」之目的，參考美軍來設計全新的軍人退伍俸給制度，期使軍人退撫基金永續運作。然實際作為上卻反其道而行，按退撫新制規劃內涵已朝向所得重分配，只問多少而忽略歷史沿革背景因素？著眼於財務精算，輕忽執政應承接的責任？罔顧憲政法律穩定，畫靶射箭徒增制度紊亂？將精簡及募兵政策失當，全部轉嫁由退伍軍人口袋掏錢，都是制度變革不合法制的作為。

★ 目前每年退除給付，概以退輔會一千億退撫預算為框

架 (舊制 650 億、優存 250 億、基金 100 億)，制度變革為 50 % + 2.5 % 後，財務缺口不足彌補措施，除以提高現職提撥率至 18%，增加繳費預估每年可注入約 60 億金額；餘則從刪減退役軍人給付去填補；另年改會稱軍人退撫改革可使基金維持 30 年，唯 22 歲初任軍官到 52 歲退伍要領退休俸時，仍面臨基金破產無錢可領窘境；若變革方案內涵不作更迭，即使 5 年檢討一次恐亦不具效用，反而對軍心士氣與國安帶來相當的衝擊，除衍生仇視對立，並未解決實質問題。

八百壯士評析「軍人退撫新制變革之三」(107/1/27)[9]

蔡政府自上台掌權以來，即羅織了年金改革的話術，切割軍人，從現役到退役、從將官切成上將和中、少將；校官切成上校和中、少校；現役切成軍官和士官；制度切成舊

9 　「八百壯士評析『軍人退撫新制變革之三』」，中華民國退伍軍人協會，2018 年 1 月 27 日，<http://www.varoc.org.tw/vnews/showpnews.asp?id=117>。

制、新制、跨新舊制，無所不切，無所不予分割；這樣的思維理則，不僅徹底地違背軍制，亦將軍人在面對生死存亡、危疑震撼時刻，一脈傳承的親愛精誠軍風與建軍精神，剷除殆盡。

軍人退撫制度變革的資訊其實早已揭露，不是財政問題，因為國家財政健全；不是基金問題，是組織調整政策精簡，政府必須負起最終保證支付責任；不是法律問題，因為法有明文規定，但究竟問題在哪裡？問題在「政治」、在「選票」，是民進黨開出去的支票，問題在優惠存款的「18％」，這是民進黨處心積慮、蓄謀已久要拔除的軍公教神主牌。

軍人退撫制度變革到底要「變」什麼？經八百壯士邀集退伍軍人軍系各軍種年班、團體，不斷地陳述問題的事實真相，軍隊的特性、軍制的規範、國家安全的問題、軍人的權利義務等，雖然僅能施展「狗吠火車」之力，然政府確有感受到退伍軍人壓力，在制度設計上有部分採折衷處理，唯仍不脫「改財務」的模式，退輔會說這樣的「變」，退伍軍人都能接受，坦白講應該是退輔會「變」了，退伍軍人則始終未變！

　　持續檢討《軍人退撫新制草案》變革規劃不當,第三項
「拉平同階同年資,整合不同時期制度給付問題」:

　　◎改革謊言:攪亂軍制,藉「整合」之名規避法定責任,
行「剝削」之實。

　　◎事實真相:人口結構的變化、制度的整合、權益的保
障、政治的角力與歷史共業等因素,悉由退伍軍人一肩扛
起,民進黨最終目的在企達所謂「轉型正義」。

　　◎評析說明:

★　　軍人待遇長年以來受「軍公教一體,文武衡平」政策
　　　影響,一直無法與公教脫鉤,不同的法規、不同的工
　　　作條件、嚴苛的工作環境、絕對服從的紀律、官階俸
　　　點的差異、超時超勤的工作負荷、地域危險的加給、
　　　兵役制度的變革與軍隊組織精簡等,現役軍人不僅要
　　　服行戰備、戰訓任務,從事緊急救援重大災害,退役
　　　還要隨時因應國家需要徵集入營,不同工卻要同酬,
　　　這不是齊頭平等的問題,從起始點上就存在著根本的
　　　不同。

★　　將不同時期的各種退撫制度揉合為一,有恩給制,有

混合制，有新制，將來必然產生混合新新制，在不同的費率下進行整合，這種費率機制還有何意義？預判未來變型的恩給制將順勢而生？在這樣的制度下，國家負擔責任是多少？現役軍人提高費率金額等同變相減薪；退役軍人溯及既往、降低優存卻未見國家應負的責任，整體財務亦隱諱不明，政府從未公諸揭露，難以窺見全貌。軍制的不確定性，將嚴重影響年青人投效軍旅意願與人才招募。

★ 軍人退除給與差異成因，就舊制言是「俸額過低」，因 18 ％一直是退除給與的一環；從「確定給付制」轉換成「計息」方式，長期以來在政治操作下引發的詬病與爭議，從未停歇；就新制言，則為「俸率太低」，雖以本俸乘 2 計算，但服役滿 20 年起資俸率僅 40 ％，同時取消優存給付線，這才是新制給付過低的原因。

★ 軍人退撫制度涵蓋「退撫與保險」；退撫是一條給付線、保險亦是一條給付線，舊制、跨新舊制因為有兩條給付線，而新制只有一條給付線，軍人保險歷經半

個世紀，制度紋風不動，政策思維卻漠視錯誤存在？僅口惠心不實地強調軍人退撫制度「改制度，不改財務」，國家能做而不做，不斷絞盡腦汁在 50%、60% 起支俸率及年增俸率上，論斤秤兩；以「低本俸」逆序方式計算給付，罔顧憲政法制的精神與原則，邏輯上對的事卻偏執用錯的方法，難怪頗有自知之明地說，所做的是歷任總統不敢做的事！

八百壯士評析「軍人退撫新制變革之四」(107/1/28) [10]

從 70 年代國防部籌劃「恩給制」改革為「儲金制」啟始，及至民國 86 年 1 月 1 日軍職加入退撫基金，前後歷時 10 餘年方付諸施行，主因制度變革涉及極端複雜的權益及軍心士氣問題；所以世界上具有軍事武裝力量計 193 個國家，在制度興革及政策規劃上，從未有以砍殺軍人退休俸去實施制度的改革。同時法律的修訂，只適用於修法後入營

10　「八百壯士評析『軍人退撫新制變革之四』」，中華民國退伍軍人協會，2018 年 1 月 28 日，<http://www.varoc.org.tw/vnews/showpnews. asp?id=118>。

服役軍士官。修法前的軍士官仍按原法令辦理，也從未見有「溯及既往」的規定；甚至要求從退伍者口袋去掏錢，做財政的重分配，都是制度變革悖離法制的作為。

退伍軍人不斷走上街頭陳抗及闡述主張、訴求，目的不是在抗爭，主在護憲維權與爭取軍人應有的尊嚴，同時向政府要求更多溝通的機會，期讓所有資訊公開、決策透明；如今執政者一再用污名化手段，做為年金改革的起手式，模糊了所有真相，埋下了彼此鬥爭對立的引信，雖然在制度與財務間互有不同的論點、制度轉換亦各有責任，但無論軍制如何變革？卻有一條不變的鐵則：即「改一定要比今天更好」，否則又何謂「興革」？涉及制度轉換時，更應兼顧權益的保障，故期盼能有更多的機會共同深入探討擬定解決方案，畢竟具有共識才能獲得認同與接受，而非讓另一方一定要照單全收；況且軍人退撫係依國家法律取得之法定給付，政府自當恪遵法律保障人民應有的權益。

賡續檢討「軍人退撫新制草案」變革規劃不當，第四項「刪減已退伍人員（含具舊制年資現職人員）法定給付，提高現役人員未來退伍給付」：

◎**改革謊言：**軍人退撫制度採單獨處理，著眼於「促進招募、穩定現役、安撫退員」之目的，實際上僅參酌美軍皮毛去設計國軍退撫制度，如何能達穩定軍心士氣及維持基金永續運作？

◎**事實真相：**軍人退撫制度變革調整的是「退除給與起資俸率、每年年增俸率的加碼」，此種政策規劃基本上我們贊同，但加碼的財源，卻是來自政府對退伍軍人溯及既往與毀約背信的作為，並透過污衊、剝削手段啟動執行，使每隔一個世代就鬥爭一次，這個國家還有希望嗎？

◎**評析說明：**

★　立法院於 106 年 10 月 30 日三讀通過《陸海空軍軍官士官服役條例》部分條文修正案，延長現役軍職尉級及校級軍官的最長服役年限 2 年。美其名延長服役年限是企求要能夠達成「長留久用」的目標。並配合「軍人退撫新制變革 (50 ％ ＋ 2.5 ％)」服務 40 年能支領本俸 2 倍全額，政策上政府修法提升現役未來退休所得，我們樂觀其成；唯軍人均有法制的年限 (齡) 規定，事實上絕大多數根本難達 40 年，且逐階未能

晉升，就必須強迫退伍，是以「留愈久、領愈多」，
只是畫餅充飢不切實際說詞。

★　政府對外宣稱軍人學習美、日、韓制度，老實講那只
是聊備一格的說法，以美軍為例，不談加給福利，現
職薪俸方面一般均高出國軍 3、4 倍，美軍薪俸最高
達 2 萬美金以上，即 60 多萬台幣，所以服役 20 年起
資俸率才會制定為 50%？而國軍一直採行「低本俸、
多加給」政策，無非就是節省國家財政支出，「儲金
制」的規劃理念亦同；軍人退撫制度關鍵政府何不思
考從「國軍俸制」著手改善，以符正本清源。

★　至於退役軍人方面，既然軍人退撫制度即將進入
3G，對於原 1G、2G 的忠實用戶，政府基於僱主身
分就應妥善規劃其升級方案，改革不能溯往，誠信才
能立國；制度整併財源來自已退役人員，退輔會號稱
年編 100 億撥補基金；這個政府早已毀約背信，在政
治改革承諾下，退伍軍人淪為犧牲的貢品，因舊制轉
換新制，政府減掉35%責任；舊制、新制轉換新新制，
政府減掉 100% 責任，悉由退伍軍人扛起買單責任。

★　從國防部 106 年 11 月 14 日公布「軍人退撫新制草案」，退輔會旋即在榮光雙周刊登出支退休俸者 11 萬 7,869 人，受影響高達 6 萬多人佔 56.9 %，超過半數以上，並同步刊出「軍職退役人員各階取樣試算表」，宣稱「軍人退撫新制」施行後，每年可挹注 80 億元至退撫基金，使基金運作 30 年無虞。唯此一方案經「八百壯士」以書面、網路調查，並召開記者會說明「退伍軍人 96 % 以上均不認同、不接受」；另委請統計專業人士精估，此案將肇致退役袍澤各階 30 年退休所得衍生損失略以：

◎**中將六級：**前 10 年 1,650,660，後 20 年 6,002,400，30 年合計 7,653,060 元。

◎**少將十級：**前 10 年 1,613,700，後 20 年 5,868,000，30 年合計 7,481,700 元。

◎**上校 12 級：**前 10 年 1,033,098，後 20 年 3,756,720，30 年計 4,789,818 元。

◎**中校 12 級：**前 10 年 1,039,236，後 20 年 3,779,040，30 年計 4,818,276 元。

◎**少校 12 級：**前 10 年 996,732，後 20 年 3,624,480，
30 年合計 4,621,212 元。

八百壯士評析「軍人退撫新制變革之五－樓地板惡法」（107/2/5）[11]

2018 年 2 月 3 日執政黨採取慣用手法透過媒體披露：「軍人退撫新制設計最低年金保障樓地板 3 萬 7850 元」，美其名因軍人與公教工作性質不同，比公務人員委任第一職等本俸＋專業加給合計 3 萬 2160 元，高出逾 5,000 多元。

◎**改革謊言：**軍人退撫新制單獨處理，參酌美、日、韓等國家設計，事實上一直在欺瞞國人，翻遍世界具軍事武裝力量計 193 個國家的退撫法規，沒有任何國家對軍人退撫制度，係以法律規範設計所謂「樓地板」或稱「最低保障金額」條文之案例，只有中華民國現行執政黨為達砍殺剝削軍人之目的，特別制定開啟民主國家先例的惡法條文。

---

11 「八百壯士評析『軍人退撫新制變革之五』」，中華民國退伍軍人協會，2018 年 2 月 5 日，<http://www.varoc.org.tw/vnews/showpnews.asp?id=121>。

◎**事實真相：**公務人員委任第一職等本俸＋專業加給合計 3 萬 2,160 元，原始設計目的，乃針對「支領月退休金的退休軍公教人員轉任其他公職或政府轉投資公、財團法人者，若新職月薪超越 3 萬 2,160 元，就須停領月退休金及優存利息」，主在建立一道門檻，遏止支領月退俸的退休軍公教人員，藉旋轉門取得新職「雙薪」優渥待遇，即所稱「雙薪肥貓」。

◎**評析說明：**

★　軍人入營服役服滿法定年限 (齡) 要件，依法辦退所支領的「一次退伍金」、「退休俸」，乃是遵循「軍人服役條例」辦理。查民國 48 年起始制訂之《陸海空軍軍官服役條例》及《陸海空軍士官服役條例》；至民國 84 年合併為「陸海空軍軍官士官服役條例」迄今，近 60 年歷經 9 次修法，僅 84 年為減輕政府財政負荷，從「恩給制」改為「儲金制」外，前人政策思維導向亦未將「軍人退撫制度」法規制訂所謂「最低保障金額」，此種罔顧國安國防、破壞軍制、扼殺青年從軍意願做法，已使國家步向毀憲滅亡之途。

★ 我們要問：「軍人退撫新制設計最低年金保障樓地板 3 萬 7,850 元」，制訂的理由為何？其依據、法源與標準為何？既然「最低金額保障為 3 萬 7,850 元」，但又限制本人所具條件（年資短淺、且職等較低者），領取的每月退休所得本來就少於 3 萬 7,850 元者，則依其本身所具的條件給予退休所得，不予扣減、也不予增加；為何低於此薪資者不予補足，不是號稱「最低金額保障」嗎？名實不符，令人難以理解此種法制制定邏輯是什麼？

★ 再者此一惡法設計，對於歷經多年辛勤努力之高階、高薪者，依執政黨邏輯相對要改革更多，砍殺比例更大；請問：未來還有誰願意敬業努力向上，爭取高階名器呢？位階高、年資深者，退休時，反而淪為眼中刺肥貓，是亟欲砍殺剝削的對象，這是依何法律行政？還是法西斯式的改革鬥爭？

★ 從上述簡單說明，可以明確看清民進黨執事者一貫思考模式及想法，修法僅是過程，著眼在設置一條軍人的「貧窮線」，更明確地講就是設計一條「砍殺線」，

　　一旦法規制訂成案取得法律授權，具備尚方寶劍在手，隨時可以假借考量國家財政狀況、人口增長率、平均餘命、退撫基金準備率、消費者物價指數或基金平均投資報酬率等影響，每隔五年即檢討修法一次，一路朝向「貧窮線」或「砍殺線」目標邁進，企圖在將設定的「轉型剝削」作為發揮到極致。

　　八百壯士受軍系各軍種年班、團體所託，要嚴正地向執政黨蔡政府明確表達：退伍軍人絕不接受、不認同此種違憲亂政、嚴重破壞軍制的惡法，若一意孤行，硬要橫柴入灶、偏執強行入法，未來無窮無盡的街頭陳抗，將會持續不斷，民進黨不倒，退軍怒火不會終止。

　　八百壯士指揮官　吳其樑

　　八百壯士副指揮官兼發言人　吳斯懷

　　八百壯士文宣組組長　葉宜生

【第四節】

對《陸海空軍軍官士官服役條例修正案》之批判

　　立法院在民國 107 年 6 月 20 日完成三讀《陸海空軍軍官士官服役條例修正案》，6 月 21 日總統府即公布修正條例法案，並於 7 月 1 日生效實施。針對立法院民進黨以「多數暴力」通過的明顯違憲之針對性及溯及既往法案，「八百壯士」有批判性之分析。

一、八百壯士鑑證執政黨「軍人服役條例修惡、違憲欺騙霸凌立法」事實

107. 6. 22

　　107 年 6 月 20 日八百指揮部暨退軍袍澤有始有終，在立法院青島東路堅持到晚上 22：10 敲下《陸海空軍軍官士官服役條例》修正案三讀通過為止；次日 (6 月 21 日)，總統府即迫不及待地公布修正條例法案；並同時於當日下午

1330時召開記者會說明。雖然軍改最後拼圖強行過關，早在意料之中，但內心中著實仍悲憤莫名，我們要大聲地告訴國人，不是政府的基金有問題而是國家信用徹底破產，這樣違法違憲的執政黨，人民唾棄不恥，遲早會讓其消失於歷史的灰燼中。

　　查憲法第七十二條規定：「立法院法律案通過後，移送總統及行政院，總統應於收到後十日內公布之」，而立法院移送法律案的時間，則視其內部作業程序而定，一般自三讀通過後至移送總統，須費時約一週左右，故立法院通過的法律，總統府公報刊登時間為收到立法院咨文起十日內。由上證明可知，蔡英文所說「軍人靠山、照顧」等皆是連篇謊話，一一戳穿其自我矛盾，這就是現在民進黨的本質？最關切的是「選舉、選票」，抓住政權有利益可供分贓，至於人民百姓的福祉、國家的基石，那都不存在於這群「無德、無能、無良、無義、無信」的政客眼裡。

　　八百壯士在立法院櫛風沐雨、埋鍋造飯走過485天，這個爛政府不聞不問、不理不睬，私下動用了國家整個行政機器、民粹、政客、綠嘴與附屬份子進行抹黑、封殺及極盡污

崢鬥爭的手法,將退軍袍澤扣上「反年改、暴民團體」封號,殘忍地對待一群平均都在耄耋之年、曾經為捍衛這個國家付出一輩子青春的老人,霸凌剝削之後,還不忘用一連串的政治術語謊言,粉飾過去這兩年施政的惡行,由民調節節探底可知,已經讓老中青三代咸感「是可忍、孰不可忍」的地步。

《陸海空軍軍官士官服役條例》在此次修法前原有 49 條,為達「政府賴帳、溯及既往」目的,同時配合違法違憲蠻橫的施政作為,研採區分「現役、退役」切割的策略,在陳建仁、林萬億主導下,國防部、退輔會於關鍵時間臨陣換將,以低頭配合方式完成,此一充滿政治設計軍人專法 61 條的制定。國防部、退輔會首長上任初期,還打著黃埔旗幟融入退軍袍澤群體,藉以展現其關懷誠意,實質上為求工作順遂,迷惑袍澤的視覺,如今透過法案審議朝野協商過程,終於讓退軍看到何謂「風骨」?何謂「氣節」?也終於讓袍澤深體政治軍人的為官之道。

八百壯士特別針對《陸海空軍軍官士官服役條例》修惡,破壞軍制與矛盾違反法理情形提出嚴正說明,以供爾後鑑證。從實況可以明確看出,民進黨政策規劃與作為根本不

願承擔以往各朝代累積的負債，換言之，民進黨拒絕政府應負的責任，故才會搞出「政府財政困難、基金面臨破產」的把戲，玩弄的手法就是「溯及既往、政府賴帳」，對已退伍軍人退撫制度專法設計重點，以「鋸箭補鍋、多砍少不補」方式施行：

（一）、軍制制度方面：

「**鋸箭補鍋**」做法：「鋸箭」就是對已退人員用減法去掏錢；「補鍋」就是對未來軍人與現役人員用加法提升俸率，增加退除所得。

1. 26 條：「**多砍少不補**」：起資俸率加年增俸 (55 ＋ 2) 核算總額超過者要砍、軍人地板 38,990 元超過者要砍，低於此門檻者不補，謊言欺騙所謂「最低保障」。

2. 46 條：「**刪除 18% 優存利息，採 10 年遞減**」：18 % 優存利息屬舊制應由政府編列預算支應，與「基金破產」何關？攪和蠻橫地說改就改、說變就變、說砍就砍，污名化的政治收割已到無以復加地步。

3. 29、39、59 條：「**提撥率及給付額滾動式調整**」條文

有連動關係，依國防部「財務影響評估報告」推估，可維持基金 30 年財務穩健的運作，唯卻又訂定 5 年「滾動式檢討機制」？已明確告知此乃過渡條款，未來「隨時」會再啟動改革機制，國家能有寧日，軍心能穩定嗎？

（二）、相關條文方面：

1. 28 條：「**子女教育補助費**」，經最後表決仍將退伍上校（含）以上人員設定排除，國家的政策因政黨輪替而更迭，嚴重違反合理、合法、合憲一致性的精神。

2. 34 條：「**退伍軍人再任轉職限制**」，雖然排除技工、工友、聘僱等對象，但私校任職教師方面卻嚴苛設定停發俸金標準，入法限制未予放寬；嚴重漠視及打擊軍人轉職再任所付出辛勤與努力。

3. 37 條：「**退伍軍人配偶半俸支領標準**」，現役無服役年資及婚姻條件限制；退役軍人對已具婚姻關係或於退後結婚亡故者，其配偶支領半俸，不僅名詞改稱

「遺屬年金」，且須有 10 年婚姻關係及年滿 55 歲才能領取所謂「**遺屬年金**」，同一個制度，卻兩樣截然不同的對待。

4. 42、43、44 條：「**離婚配偶退除給與請求權**」，由民進黨立委尤美女提案增列入法，實質上根本無助於軍人士氣、服役情緒的穩定，且民法已有明定，意識型態作祟畫蛇添足而已。

綜上皆屬協商保留條文，相關內容不僅存在著爭議，且條文與條文間亦有諸多矛盾，然執政黨立委硬以多數的優勢，採「一刀切」方式強行為之，未作任何鬆手退讓，完全無視未來衍生難以估計的後遺；政黨協商只是形式，政務官的唯唯諾諾，讓所有袍澤都認清獨裁的政府，不僅理盲更乏同理心，目的只是尋求徹底擊潰國家的基石，長期執政掌權；我們沒有悲傷的權利，唯一的選擇就是團結一致，去拉下這個無恥獨裁的政權，再重新檢討回復軍人權益與尊嚴，才是未來唯一努力的方向。

二、八百壯士捍衛中華協會暨全體志工諍言 107.7.8

「八百壯士協會」責問「**政府及國防部這樣的修法政策作為，能獲得軍人信任與犧牲奉獻嗎？**」107.7.8

軍人專法《陸海空軍軍官士官服役條例》從原 49 條修正為 61 條，於 6 月 20 日三讀完成，總統府旋即於 6 月 21 日明令公告、行政院 6 月 23 日發布施行，其作為流程就是厚顏地告知綠營人士與國人，雖然因「八百壯士」陳抗延緩了一些時日，但終於達成了選前的政治承諾。至於《陸海空軍軍官士官服役條例》修法的良窳與否？是否會影響國家未來整體國防與國安問題，都不在執政黨、政客的胸腔思維內，只要選舉搞定繼續掌握政權，一切都是次要問題，民調再低，民眾抗爭不斷，只要有權在手就好；百姓的生計死活，經濟發展的好壞都無關痛癢。

《陸海空軍軍官士官服役條例》匆忙 7 月 1 日上路，國防部在寄發「已退軍職人員退除給與重新計算表」錯誤百出，鬧出史無前例的笑話，解說錯誤的理由是「一個 Bug」發生跳行跳格，但經第二次寄送資料所見仍然有列述計算錯

誤，事前既不告知退軍袍澤執行的行政程序，造成一片混亂，躲在背後三緘其口，袍澤心急權益連日詢問，根本電話打不通難以得到及時的回應，這樣的政府下轄兩個偌大的部會，竟然在修法之後，必然會衍生出一大堆權益問題，都沒有預劃妥善的安排，雜亂無章地任其自然發展，笑罵由人，讓退休袍澤的感覺，已經是從懦弱無能到令人無法領教的地步；在眾怒難犯下，又見到民進黨放出慣用掩耳盜鈴的做法，王定宇委員說「已退軍職人員退除給與重新計算表」錯誤是有心人做梗，正在調查中暫不便公布。

　　且不管未來真相如何咱們拭目以待？「八百壯士協會」站在維護退軍袍澤的立場，要來談談軍人專法《陸海空軍軍官士官服役條例》修惡及「現、退分割」策略下，呈現出一個制度兩樣對待與垢病之處：

（一）、55% ＋ 2% 制度設計

　　姑不論 55 ％ ＋ 2 ％ 理論基礎為何？此一制度設計將不同時期、不同制度退伍除役者，溯及既往全部融合成一體，退撫計算方式的重點在「年資及俸率」兩項，美其名強調將滿 20 年符合領退休俸資格的「起資俸率由 40 ％ 提升至 55

％」，增加了 15 ％，爾後每多 1 年年增俸率（2 ％）維持不變；軍官最高 90 ％、士官 95 ％。法令更迭後，現役者仍在職者可達標，但退役者年資已核定終結，既使服役超過 35 年者，亦僅能以 35 年列計，最高俸率為 85 ％，明顯呈現一個制度兩樣對待，討好少數，失去多數軍心。

（二）、刪除月補償金及補足退除給與差額

「月補償金」是因應恩給制與儲金制制度更迭，爰增的彌補措施；如今國軍具該條件可支領月補償金在職軍官、士官尚有 7,417 人；國防部為避免具有領取月補償金之成熟軍官、士官搶退，致人力無法於短期內補充，造成軍事經驗斷層，及加劇基金收入減少，修法 (47 條) 將具有領取資格者改發一次補償金，連已退休原領有月補償金者，均溯及既往一體適用，這種對「軍人用完即丟」的政策設計，請問：「還想贏得軍人袍澤的信任？鼓勵其為國犧牲奉獻嗎？」

軍人歷練至中、少將位階皆是付出 2、30 年青春歲月與努力，在軍人金字塔的結構下，一步一腳印，逐步具備學歷、經歷、考績、停年等條件，逢上階編制有缺，經過考核競爭淘汰的程序，才能獲得國家的名器與派任；當然軍職服

務期間因個人際遇不同，雖然同階但退伍時間不一，且囿於軍職俸額低與文職相對較高，為平衡兩者差異，故法令在退除時少將比照文職 11 職等、中將比照文職 12 職等，實施「補足退除給與差額」的規定。此次修法執事者罔顧原由，於 7 月 1 日施行起即予以刪除，估算將級軍官減少的金額概在 1 至 3 萬多元不等；其所剩總額再與 55 ＋ 2 制度計算的金額做核算比對；這種仇軍、恨高階的心態，以及對退伍軍人退了棄之如敝屣的做法，展露無遺，何來半點「安撫退役」之情？

（三）、軍校年資併計

緣起 86 年國軍實施「精實案」組織精簡，為解決當時年資 17—19 年還未滿服役 20 年人員領取退休俸條件者問題，國防部向大法官會議提出軍校年資併計服役年限釋憲，經司法院大法官會議於 87 年 6 月 5 日做出釋字第 455 號解釋，就讀軍校時間得予併計退除給與之年資，此次修法國防部以解釋文公布日期做為適用對象的分水嶺，理由因法有不溯及既往原則，唯大法官釋憲文並未載明「適用日期」，況且修法條文中諸多設計皆溯及既往，國防部明顯漠視退伍軍

人權益，而橫跨新、舊制人員可以補繳軍人退撫基金後，將軍校年資併入個人服役年資計算退休俸；不僅引發軍士官不滿，這種制定法規理念，只要對其有利的就溯及既往、不利的則不溯及既往，能平息退伍軍人日漸激增的怨恨、怒氣與不滿嗎？

（四）、遺屬半俸

　　蔡英文說「**沒有人會因為改革而活不下去**」，此次服役條例第 37 條修正：「現役軍人亡故，配偶領取半俸，沒有服役年資及婚姻條件限制。退役軍人配偶半俸發放標準，退伍生效核定前，已具婚姻關係比照現役辦理」，然對於退役後結婚或原配亡故再婚者，其配偶支領半俸須有 10 年婚姻關係及年滿 55 歲才能領取。以往法令並無此一限制，修法後儼然產生兩種對待，況且那是退休軍人的財產與權益，為何要狠心予以剝奪？軍人因職業特性，通常較晚婚，退後結婚或原配亡故再婚者，係屬常態，況且一旦因故身亡，遺眷若僅 45 歲，要求滿 55 歲之後才發給半俸，其上有公婆、父母、下有子女，連半俸權益都難以獲得，請問未來 10 年這一家人如何活下去？其次，國家這樣的對待退後軍人，冷血

拋棄遺眷，今後誰願意嫁給軍人？父母捨得將女兒嫁給軍人嗎？

（五）、退伍軍人子女教育補助費

　　教育是國家百年大計，如今社會結構面臨少子化、人口老化，台灣嬰兒出生率創新低僅達 1.07 ％，到 2060 年全台人口可能降到 1700 萬人極為嚴重。一般而言，年出生率在 2.1％能維持人口數平衡；出生率增到 2.9 ％，經濟才能發展。先進國家法國皆鼓勵生育、補助不排富，出生率升到 2.1 ％；日本在安倍政策規劃下，出生率也從 1.4 ％ 回升到 1.8 ％。

　　如今政府執政者的政策，卻罔顧事實對「退伍軍人子女教育補助費」上校以上不同意納入，理由是「排富」，開先進國家之倒車，施政無能到腦筋也冥頑不靈的地步，實在令人痛心；尤其服役條例修法審議期間，國民黨籍立委頻頻作球給國防部、退輔會希望予以納入法制化，以減少每年無謂紛爭，徹底解決應有權益及照顧袍澤問題，唯兩部會唯唯諾諾，不置可否，完全無視「軍人及其家屬優待條例」存在的意義？這樣的部會只能應付表面文章，在退軍的眼裡，早已無法獲得任何接受與認同感了。

（六）、軍人退伍再任職

　　「退伍軍人再任轉職限制」雖然排除技工、工友、聘僱等對象，但私校任職教師方面卻嚴苛設定停發俸金標準，入法限制未予放寬，嚴重漠視及打擊軍人轉職再任所付出辛勤與努力。八百壯士協會迄有接獲退軍袍澤陳情反映：一位士官長退伍，透過退後就學進修取得碩士、博士學位，在私立學校獲得專任教師資格，原以為可以開創其人生第二春；然所有辛勤努力結果，在修法後，完全予以抹煞，退休俸停發，只能單一得到教學所得。我們無言，這個政府的眼裡別人都是「肥貓」，肆無忌憚地伸手蠻橫予以剝削，只有自己可以搶官佔位，高薪所得之人，從掌權以來，已經多到難以估算，族繁不及備載；何嘗有任何公理、是非的概念？

　　綜上簡要敘述軍人專法修惡情形，可以窺見執政黨知法玩法、專權獨裁的思維與作為，短短地兩年多就已發揮到淋漓盡致地步，將國人的善良純樸、忍氣吞聲的特性，徹徹底底踐踏於腳底，而且毫不留情砍殺，八百壯士受袍澤囑託，未來必須更竭盡一切努力，使其重回正軌。中國人一向講究因果報應，我們真的期待那天早日到來，任何人都無權或假

借任何理由去破壞多年國人共同建立的民主機制，否則年輕的一代真的看不到其未來？軍人對這個政府失去信任，有誰還會輕言為國犧牲呢？

八百壯士捍衛中華協會　監事長　　葉宜生　107. 7. 8

責任的延續與承擔
「中華民國八百壯士捍衛
中華協會」的誕生

【第五章】

責任的延續與承擔
「中華民國八百壯士捍衛中華協會」的誕生

　　基於「護憲維權」理念，維護退伍軍人法定權益與尊嚴，「八百壯士」歷經 485 天在立法院旁埋鍋造飯抗爭後，很多退伍軍人同袍憂心「八百壯士」拔營撤篷後，誰能繼續站出來捍衛他們的權益？在此一情勢下，「八百壯士」選擇繼續承擔退休同袍的付託，沒有私心，只有公義，與更多仁人志士一起努力貢獻一己心力，掌握自己的尊嚴與價值，為捍衛中華民國憲政體制、為維護退伍軍人權益繼續奮鬥。

　　「八百壯士護憲維權指揮部」轉型為社團法人「中華民國八百壯士捍衛中華協會」，為中華民國民主史上，第一個由下而上發展，融合軍公教警消及民間社團的組織，不只是維護退休人員權益，更要監督政府信守善待現職人員的法定承諾，將遵循中華民國的憲政法統，一切作為以公理正義與法制權益為前題，堅持到底奮鬥不懈，必然會取得國人一致的認同與支持。

【第一節】

「中華民國八百壯士捍衛中華協會」 成立過程

　　「八百壯士護憲維權指揮部」預見向民進黨政府抗爭，是一條漫長艱辛的過程，必須持續進行，依政府規定轉型為合法的「社團法人」為持續抗爭必經之途。於 107 年 1 月 25 日即依「人民團體組織法」，向內政部申請核准籌組成立「中華民國八百壯士捍衛中華協會」；並於 2 月 8 日下午在中華民國退伍軍人協會召開協會發起人會議暨第一次籌備會。並廣邀軍公教警消及民間社團加入團體會員，吸納理念相同者加入個人會員，希望凝聚中道力量，共同對抗違憲亂政的民進黨獨裁政府。經籌備委員會 6 月 25 日初步統計，團體報名 37 個、個人會員超過 800 人，人數仍在陸續報名增加中。[1]

---

[1] 「八百壯士捍衛中華協會成立暨會員大會新聞稿」，八百壯士捍衛權益，2018 年 6 月 30 日，<https://www.facebook.com/800warriors/>。

107 年 6 月 30 日上午十時，以「捍衛中華民國、遵守
憲政法統 維護法定權益、徹底消滅台獨」為宗旨的「中華
民國八百壯士捍衛中華協會」召開成立暨會員大會。會中依
規定選舉選出理事 35 人、監事 11 人，以及常務理監事、理
事長。選舉結果由「八百壯士護憲維權指揮部」副指揮官吳
斯懷將軍當選理事長，指揮官吳其樑將軍則獲聘為榮譽理事
長。會後並舉行「中華民國八百壯士捍衛中華協會」（以下
簡稱「八百壯士捍衛中華協會」或「八百協會」）第一屆理
事長就職暨理監事會務幹部授證典禮。

圖 5.1 「中華民國八百壯士捍衛中華協會」召開成立大會 (107-0630)

資料來源：　翁聿煌，「『八百壯士捍衛中華協會』成立 率先通過這個提案！」，
自由時報，2018 年 6 月 30 日，<http://news.ltn.com.tw/news/
NewTaipei/breakingnews/2473700>。

圖 5.2 「中華民國八百壯士捍衛中華協會」召開成立暨會員大會 (107-0630)

資料來源：林健華

　　「八百壯士捍衛中華協會」召開成立暨會員大會，國民黨主席吳敦義、副主席郝龍斌、前主席洪秀柱、新黨主席郁慕明及賴士葆、費鴻泰、曾銘宗等 10 餘位國民黨立法委員到場祝賀。前行政院長郝柏村、前總政戰部主任許歷農親自出席，陳廷寵、伍世文、李楨林、黃幸強、陳鎮湘、曾金陵、夏瀛洲、季麟連、王文燮、戴伯特、費鴻波等 10 多位上將及退役將領百餘人與會。

圖 5.3 「中華民國八百壯士捍衛中華協會」成立大會與會貴賓

資料來源：林健華

　　郝前院長致詞時，特別提及松滬戰役中「八百壯士」代表的意義，強調黃埔精神是犧牲、團結、負責的精神，八百壯士 1 個營的兵力牽制日軍幾萬部隊的行動，就是發揚臨危受命、臨陣當先、臨難不苟，最後壯烈成仁的黃埔犧牲的精神；郝前院長指出，「黃埔」與「中華民國」是命運共同體，沒有「黃埔」就沒有「中華民國」，因此，必須以自由、民主、均富，完成中國統一。郝前院長並帶領與會退伍軍人高呼「消滅台獨」、「中華民國萬歲」口號。

圖 5.4　前行政院長郝柏村於「八百協會」成立大會致詞

資料來源：　林健華

　　吳敦義致詞表示國民黨將與退伍軍人團體站在一起，共
同為國家的安定努力；新黨主席郁慕明則要與退伍軍人一起
爭取憲法權益、徹底消滅台獨。

圖 5.5 國民黨主席吳敦義於「八百協會」成立大會致詞

資料來源： 林健華

　　國民黨前主席洪秀柱表示，八百壯士走過受盡屈辱、折磨的 485 天，看不到政府的謙卑、溝通，只有拉下民進黨政府，才能給予制裁；她指出，八百壯士走的路沒錯，遵守中華民國憲法、將來的目標就是統一；她希望與退軍一起為尊

嚴、榮譽站出來，走向對不公義的政府抗議這一條艱難的
路。[2]

圖 5.6　國民黨前主席洪秀柱於「八百協會」成立大會致詞

資料來源：　林健華

2　　林健華，「千人參加成立大會 八百壯士吳斯懷當選社團理事長」，
ETtoday 新 聞 雲，2018 年 6 月 30 日，<https://www.ettoday.net/
news/20180630/1202783.htm>。

圖 5.7 新黨主席郁慕明於「八百協會」成立大會致詞

資料來源：　林健華

圖 5.8 吳主席代表「八百協會」理監事致贈籌備會主委吳其樑將軍匾額

資料來源：林健華

　　「八百壯士指揮部」副指揮官吳斯懷將軍獲選為「八百協會」創會理事長後，以「無怨無悔 承擔責任」之自我期許為題發表就職演說，強調：「八百壯士的陳抗不會因法案強行實施而結束，我們仍然會秉持著一貫的理念，持續與這個獨裁政府奮戰到底，貫徹捍衛中華民國，護憲維權的決心，絕不會改變；**八百壯士的轉型，是責任的延續，更是責任的承擔**」，將秉持 485 天的革命軍人刻苦耐勞美德、堅持到底的決心與毅力，與大家共同寫下一頁發揚黃埔精神、護憲維權、捍衛中華民國的歷史！**³**

　　大會同時通過第 1 個提案，譴責國防部連續 2 年舉辦「三軍六校聯合畢業典禮」，竟拿掉「中華民國」國號，等同帶頭消滅中華民國。**⁴**

3　「無怨無悔 承擔責任」八百壯士捍衛權益，2018 年 6 月 30 日，
　　<https://www.facebook.com/800warriors/>。

4　王揚傑，「八百壯士成立協會 奮戰到底」，中時電子報，
　　2018 年 7 月 1 日，<https://www.chinatimes.com/newspapers/20180701000429-260118>。

圖 5.9 吳主席敦義代表「八百協會」籌備會致贈理事長吳斯懷將軍賀匾

資料來源： 鄭清元，「反軍改團體成立『八百壯士捍衛中華協會』」，
聯合新聞網，2018 年 6 月 30 日，<https://udn.com/news/
story/6656/3227064>。

圖 5.10 「八百協會」名譽會長致贈各期班代表感謝狀

資料來源： 林健華

圖 5.11　「八百壯士」的鐵衛隊 – 四分衛

資料來源：八百壯士指揮部

【第二節】

「八百壯士捍衛中華協會」當前任務及未來之挑戰

「八百壯士」在 6 月 20 日結束在立法院旁的 485 天埋鍋造飯日子後，幸蒙「財團法人悟善文化基金會」提供位於西門町成都路的「定綸精舍」，做為「八百協會」服務退軍袍澤後續有關年改訴願、復審、訴訟、釋憲及法律服務等資訊與問題解疑、事務諮詢協助的場所。「八百壯士」自 6 月 21 日起即派志工開始輪值，為退伍軍人之服務不致衍生銜接的空窗。

另一方面，立法院在 6 月 20 日完成修法三讀《陸海空軍軍官士官服役條例修正案》後，民進黨政府堅持軍改與公教年改於 107 年 7 月 1 日同步實施，在不到十天作業期間，國防部表示總數 20 萬多分的處分書，能夠於 6 月 29 日前全數寄出，「勉力完成」行政院賴院長之指示。[5]

5　程嘉文，「快馬加鞭！軍改處分書 週五前寄出」，聯合新聞網，2018 年 6 月 25 日，<https://udn.com/news/story/11311/3216659 >。

在 7 月 1 日新法實施前，國防部必須寄達所有受新法規範退伍軍人之「已退軍職人員退除給與重新計算通知函」，共計 20 萬 5837 份。國防部規劃之寄發順序分三批，首批針對外離島及影響較大者優先，共計有 5 萬 9496 封；然而，大批退伍軍人收到之通知函，卻不可思議地出現姓名、階級，甚至性別均不符的情況。業管的國防部人事參謀次長室緊急向外界致歉，但收到錯誤通知函的退伍軍人群情激憤，認為國防部寄出的「已退軍職人員退除給與重新計算通知函」連姓名都有誤，難保複雜的年金俸額不會算錯？面對外界對國防部能否配合 7 月 1 日軍公教年金改革法案上路的質疑？國防部仍表示「將配合準時實施」。[6]

面對國防部的失能、失職亂象，造成退除役軍人極大之憂慮，「八百協會」在正式成立前即將責任一肩扛起，規劃提供訴願相關協助，並在 6 月 29 日發出通告：

6　洪哲政，「重計通知函大出錯 國防部：新制年金仍將 7 月 1 日上路」，聯合新聞網，2018 年 6 月 28 日，<https://udn.com/news/story/10930/3224024>。

中華民國八百壯士捍衛中華協會公告

國防部「已退軍職人員退除給與重新計算通知函」寄發作業已於日前倉促上路，除大幅刪減已退除役人員退除給與，通知函住址、姓名、階級、年資及重算資料均有錯誤，已造成退除役人員恐慌與不滿，本會將持續協助所有退除役人員捍衛權益，委請法界學者及律師撰擬訴願書版本，並協調中國國民黨黃復興黨部設置服務台，全力服務退除役人員，訴願書範本及服務台地址如附件，耑此佈告，並請轉貼周知！

中華民國八百壯士捍衛中華協會 107.06.29

「八百壯士捍衛中華協會」成立後，在成都路臨時會所的輪值志工，每天電話接到手軟，一批批退伍袍澤進出會所，詢問訴願書如何填寫、接到的通知函看不懂、內容有多處錯誤等不一而足，有拄著枴杖來的長輩、有年輕人代老爸爸來填寫訴願書的、看著上百位高齡袍澤進來時充滿無助的眼神，走的時候再三致謝的身影，令人心中感慨萬千！難道這些相對弱勢的高齡長輩退伍袍澤，只能來「八百協會」求助嗎？為此，「八百協會」公開批判只發幾個新聞稿、公告

幾支打不通的電話，對提供退伍軍人諮詢服務毫無作為的國防部及退輔會「嚴重失職」。[7]

退伍軍人袍澤收到國防部或各軍種司令部寄發之「已退軍職人員退除給與重新計算通知函」後，依「訴願法」提起訴願之「訴願書」填寫；收到受理訴願機關行政院或國防部「訴願決定書」後，「不服其決定」而委託律師向高等行政法院提起「行政訴訟」，皆為複雜的法律專業，而且程序冗長，個人或少數人之力較難達成，非以團體眾人之力難竟其功，面對廣大退伍軍人袍澤的迫切需求，「八百協會」選擇了承擔，接下此一重責大任。

「八百壯士捍衛中華協會」依創會宗旨「遵守憲政法統，維護法定權益」，現階段積極提供退伍軍人袍澤「訴願、訴訟」服務，以維護軍人退撫權益；同時，完備軍改釋憲聲請程序，以維護憲法尊嚴。協會始終不變的原則：以服務凝聚向心，以服務爭取認同，結合理念相同團體，以共同達成「捍衛中華民國、打倒消滅台獨」最高目標。

---

[7]　陳智華，「軍改案粗糙作業 吳斯懷怒斥國防部退輔會嚴重失職」，聯合新聞網，2018年7月3日，< https://udn.com/news/story/10930/3232657 >。

後記：

有關軍改案聲請釋憲的後續發展

　　民國 107 年 9 月 3 日，「八百壯士捍衛中華協會」理事長吳斯懷將軍和國民黨立法委元江啟臣、王育敏等人，在眾多退伍軍人和支持者陪同下，赴司法院遞交軍版本釋憲聲請書 (如附件四)，由司法院大法官書記處長王碧芳出面受理。

　　10 月 9 日，監察院院會針對軍公教年金改革案，是否向司法院提出釋憲案進行表決，最終 14 票贊成、11 票反對通過。

　　11 月 20 日，司法院大法官書記處發佈新聞稿，公告：「大法官為審理 107 年度憲一字第 10 號立法委員江啟臣、李鴻鈞、高金素梅等聲請解釋陸海空軍軍官士官服役條例關於退除給與修正部分規定是否違憲案，就事實釐清部分，訂於 107 年 12 月 4 日下午 2 至 5 時假憲法法庭舉行公開說明會」。[8] 且為維護秩序，將依規定核發旁聽證，領有旁聽證者始可旁聽。

8　　「大法官書記處新聞稿」，司法院，107 年 11 月 20 日，<http://jirs.judicial.gov.tw/GNNWS/NNWSS002.asp?id=386668&flag=1&regi=1&key=&MuchInfo=&courtid=>。

　　大法官會議開先例受理立法委員江啟臣、高金素梅等人
對軍人年改的釋憲聲請案，要求提案立委及總統府年改小
組，12 月 4 日到憲法法庭進行「立法說明」。大法官為釐
清事實，列出 13 項爭點題綱，由各方代表逐項提出意見：[9]

1、　請說明中華民國 107 年 6 月 21 日修正公布之陸海空
　　　軍軍官士官服役條例（下稱系爭條例）關於退除給與
　　　修正部分規定之修正理由？

2、　陸海空軍軍官士官服役退除給與之性質為何？其於
　　　86 年 1 月 1 日陸海空軍軍官士官服役條例（下稱 86
　　　年條例）施行前後有無不同？

3、　86 年條例第 27 條第 1 項規定：「軍官、士官退伍除
　　　役給與，應由政府與現役人員共同撥繳費用，設立基
　　　金負責支付之，並由政府負最後支付保證責任。」其
　　　中「由政府負最後支付保證責任」意義為何？該基金
　　　之財務規劃，收支是否以自給自足為目標？如原規劃
　　　非以自給自足為目標，有關不足部分，原先政府係如

9　「大法官書記處新聞稿–附件（爭點題綱）」，司法院，107 年 11 月 20 日，
<http://jirs.judicial.gov.tw/GNNWS/NNWSS002.asp?id=386668&flag=1&regi=1&key=&MuchInfo=&courtid=>。。

何規劃處理？又於86年1月1日至107年6月30日之間退除役者，其依86年前之年資計算之退除給與，是否由86年1月1日以後設立之退撫基金支付？

4、 請提供並說明系爭條例修正前後之軍人退撫基金收支及財務分析報告。

5、 請更新附表(略)「軍人年改影響人數分析」，並說明退除給與受影響及不受影響各項原因所佔之比例。

6、 軍人年金改革與撙節國家財政支出及國家其他財政支出擴張之關聯性如何？

7、 系爭條例第26條第2項及其附表三有關退休所得俸率（下稱替代率）上限規定之數據，理由為何？又軍官、士官之最高替代率上限為不同規定之理由？

8、 系爭條例第26條第4項最低保障金額（即樓地板）以軍官最低階少尉一級本俸及專業加給總和為基準（每月約新台幣38,990元），其理由為何？對原退除給與已低於樓地板者未予調整至樓地板之理由為何？

9、 系爭條例之修訂，或降低或提高規範對象之退除給

與，其設定之理由為何？

10、　86 年條例採行之退撫新制以及系爭條例關於退除給
　　　與，是否均採確定提撥足額給付制？系爭條例第 29
　　　條第 7 項、第 8 項規定，得請求一次發還本人原繳付
　　　及政府撥繳之退撫基金費用本息，其中「息」之定義
　　　為何？

11、　依系爭條例審定之每月應給付退除給與金額是否隨
　　　在職人員薪水之調整而變動？或係依物價指數之變
　　　動而為升降調整？對於退休給與為樓地板或低於樓
　　　地板者，有無例外規定？

12、　系爭條例第 34 條第 1 項第 3 款規定，就任或再任私
　　　立大學之專任教師且每月支領薪酬總額超過公務人
　　　員委任第一職等本俸最高俸額及專業加給合計數額
　　　者，停止領受退休俸或贍養金，其理由為何？教育部
　　　對於各大專院校之補助經費適用範圍是否及於專任
　　　教師薪資之給付？

13、　請提供其他國家有關軍人退休金制度及其改革之書
　　　面資料及摘要。

附件一
「八百壯士護憲維權指揮部」
大事紀

【附件一】
「八百壯士護憲維權指揮部」大事紀

年	月日	活動概要

105　0516　為有效監督未來蔡英文政府將成立的「國家年金改革委員會」，各界組織「監督年金改革行動聯盟」並推薦 6 名成員出任「國家年金改革委員會」委員，其中退伍軍人協會副理事長吳其樑為退伍軍人團體代表。

105　0520　總統蔡英文在就職演說中表示，年金制度如果不改就會破產，將召開年金改革國是會議。

105　0527　總統府新設「國家年金改革委員會」(以下簡稱年改會)，由陳建仁副總統擔任召集人，林萬億政務委員兼執行長；退伍軍人協會副理事長吳其樑獲聘為軍系委員。

105　0623　「年改會」召開第 1 次會議。

105　0728　「年改會」召開第 6 次會議，由國防部進行軍人

保險與退撫制度報告，會中對於軍人服役特性與
一般職類不同，多數委員表示認同予以特別考
量；決議軍職人員年金改革單獨處理。

105 0903 軍公教「反污名，要尊嚴」大遊行，包括陸軍官
校校友總會等軍人團體、公務員、教師、勞工等
各團體走上街頭，訴求反對政府利用「年金改
革」手段進行鬥爭。

105 1110 「年改會」召開第 20 次會議

105 1231 年金改革北區座談會在交通部舉行，「監督年金
改革聯盟」場外抗議，並衝入會場與警察推擠，
事後並至民進黨中央黨部大樓丟雞蛋抗議。

106 0112 1400 時假退伍軍人協會總會召開「總統府年改會
國是會議之因應作為」會議，由「年改會」退伍
軍人代表吳其樑委員主持。參加人員為陸、海、
空各軍事院校校友總會會長、理事長及各班隊代
表等六十餘人。

106 0116 「監督年金改革行動聯盟」在立法院大門前發動
絕食抗議至 0122 日年金改革國是會議全國大會

止，部分退伍軍人參加。

106　0122　年金改革國是會議全國大會於總統府召開，會中
建議軍人退撫制度單獨設計，但除軍人服役特性
所需的差異設計，其餘制度內涵仍宜與公教人員
一致。

「監督年金改革行動聯盟」號召退休軍公教人員
於總統府外遊行抗議；下午2時，上萬名退休軍
公教人員聚集凱達格蘭大道，頭繫「執政無能」
黃色絲帶，手持「執政無能」「全民遭殃」牌子，
齊聲怒吼表達對政府的不滿。

106　0210　吳其樑將軍於退伍軍人協會總會召開「年金改革
協調會」，出席人員計有：中央軍校校友總會、
陸海空軍官校、政戰學校、中正理工、國防管理、
國防醫學院、陸軍專科(士)、空軍及海軍技校、
陸戰隊學校、憲兵學校、後備動員管理學校、空
軍校友會、忠義同志會、磐安同心會、清風之友
會、陸軍官校各期班代表。決議發起「八百壯士
捍衛權益」行動，成立「八百壯士捍衛權益活動

指揮組」；預劃自 2 月 21 日起，於立法院前搭
帳篷，每日派 20 人輪值表達抗議訴求。

106　0221　1030 時，吳其樑將軍於立法院大門召開「八百壯
士捍衛權益」記者會，抨擊「年改會歷經 20 次
會議，沒有共識、只有放話」，宣告效法抗戰時
期四行倉庫精神，在立法院前搭設帳棚長期「埋
鍋造飯」，號召各院校期班每日到立法院前輪
值。全國公務人員協會理事長李來希，全國教師
產業總公會理事長黃耀南，國民黨前主席洪秀柱
等至現場表達支持。

106　0307　考試院召開年金改革公聽會，由於部分群眾進入
會場抗議，導致公聽會流會

106　0329　退休警察、消防人員舉行「遍地開花」陳抗活動，
表達對年金改革的不滿，上午到台北忠烈祠，向
總統蔡英文下跪陳情，下午至行政院、立院抗
議。

「八百壯士捍衛權益」聲援警消「遍地開花」抗
爭活動。於青年節下午 1300 時在立法院群賢樓

前，由指揮官吳其樑將軍主持記者會後，進入立
法院遞送陳情書。

106 0330 考試院將「公務人員退休撫卹法草案」函送立法
院審議。

106 0418 「監督年金改革行動聯盟」發起「夜宿圍城」向
監察院陳情抗議活動，抗議公、教人員年改法案
粗糙送立法院審查；「八百壯士」動員退伍軍人
聲援。

106 0419 立法院司法及法制委員會開始審查年金改革的
《公務人員退休撫卹法》草案。
清晨，立法院外各出入口遭抗議群眾圍堵，企圖
延遲立法委員進入立法院審查年金改革法案，與
警方發生肢體衝突，多名退伍軍人事後遭警方移
送起訴。

106 0511 林萬億邀請八百壯士指揮官吳其樑等代表在行政
院會談，依共識於次 (0512) 日以年改會銜發正式
新聞稿，公開承諾「軍人年改版本送行政院前，
國防部必須與退伍軍人團體溝通，並優先邀集年

改委員協調」。

106 0519 八百壯士指揮部邀集退輔會主委，國防部資源司
長與退伍軍人代表，於退伍軍人協會溝通「軍人
年金改革」有關事宜。會議中退輔會主委，國防
部資源司長針對目前研擬草案進度及未來概略方
向，有原則性說明，與會代表發言踴躍。

106 0520 全國退休軍公教警長青後援會的長者們前往立法
院，向長期紮營在立法院大門口外的「八百壯
士」致敬。

106 0627 立法院臨時會三讀通過《公務人員退休資遣撫卹
法》，確定 18% 優惠存款利息 2 年後歸零、所
得替代率分 10 年調降至 60%、退休金採計基準
改採 15 年均俸等，新法訂於 107 年 7 月 1 日起
實施。

106 0629 立法院臨時會三讀通過《公立學校教職員退休資
遣撫卹條例》，全案確定比照公務員年改辦法，
訂於 107 年 7 月 1 日實施，「監督年金改革行動
聯盟」對此表達強烈抗議。

106　0630　蔡總統上午赴北投復興崗主持三軍六校聯合畢業
　　　　　　典禮,進入校門前遭大批群眾如影隨形抗議,數
　　　　　　名退伍軍人攔總統車隊陳情,車隊延遲約十分
　　　　　　鐘。攔車陳情者事後遭警方移送。

106　0718　抗議立法院 0627 日三讀通過修訂之《公務人員
　　　　　　退休資遣撫卹法》,「監督年金改革行動聯盟」
　　　　　　向「監察院」陳情協助聲請釋憲。全國公務人員
　　　　　　協會理事長李來希與連署團體代表在「八百壯
　　　　　　士」帳篷召開記者會,隨赴監察院陳請。

106　0816　「八百壯士」發表不會以任何方式干擾「世大運」
　　　　　　賽事聲明

106　0819　「世界大學運動會」在台北「小巨蛋」開幕,部
　　　　　　分反對年金亂改的軍公教及台獨團體在場外聚
　　　　　　集,警方區劃陳抗區分隔,仍然引發衝突。

106　0901　世界退伍軍人聯合總會 (World Veterans
　　　　　　Federation) 第 22 屆亞太常務理事會在台舉行。
　　　　　　「八百壯士」協請「中華民國退伍軍人協會」以
　　　　　　會員身分提案:「呼籲亞太常務理事會成員組織

之各國政府關注，並倡導該國退伍軍人的福利與
權益。」

106　0903　「捍衛中華民國，向軍人致敬」活動在全國 14
縣市同步舉行，藉「異地同時、遍地開花」展現
犧牲、團結、負責的黃埔精神，活動採唱軍歌、
向國旗致敬與宣言，並重申反對任意推翻「不
溯既往、信賴保護」的憲法基本精神與普世價
值。

106　0921　「八百壯士」指揮部擘劃成立社團法人，以「捍
衛中華民國、恪遵憲政體制；堅持不溯既往、維
護軍人尊嚴」為宗旨，持續維護軍人權益。

106　1010　1330 時，八百壯士配合民間團體於國父紀念館舉
辦「愛國家、愛國旗國慶大會」。

106　1030　八百壯士副指揮官吳斯懷於臉書發文，呼籲民進
黨政府用同一標準執法。源於「世大運」開幕日，
退役軍官繆德生與楊思聖因抗議台獨份子持旗幟
進場，於警方「管制區外」揮舞國旗遭警方壓
制，其中繆德生遭多名員警挾持，文山二分局偵

査隊長謝志鑫執法過當，以右手虎口鉗鎖繆員喉部。

106　1112　爰於年改會曾公開承諾，在軍人改革版本送行政院前，會由國防部與退伍軍人團體溝通協調，然今日卻傳出年改會將於 14 日公布軍人年改方案，年改會委員吳其樑緊急員號召退伍軍人赴行政院抗議，要求林萬億親自出面說明。

106　1113　八百壯士指揮部動員於上午 10 時在八百帳篷集結，至行政院抗議，抗議重點：「林萬億背信無恥，要求親自出面說明」

行政院秘書長卓榮泰、發言人徐國勇下午赴「八百壯士」帳篷與吳其樑指揮官等會面，說明 1114 日提報的軍人年改版本為草案原則重點，非法案版本；未來將蒐整軍人意見，彙整修正後始呈送行政院辦理。會後由指揮官吳其樑、卓榮泰及徐國勇三人於帳篷區召開記者會說明面商要點。

106　1114　國防部公布「軍人退撫新制 (草案) 重點」方案，

表示後續一個月期間，將由國防部、退輔會與現
役、退役人員進行溝通聽取意見，並由兩部會設
置專責窗口，接受相關人員諮詢並提供說明，溝
通期滿後將擬具修法草案，報請行政院審查，並
經行政院會通過後，函請立法院審議。

八百壯士指揮部動員於上午 10 時在八百帳篷集
結，遊行至總統府抗議，抗議重點：「訴求退伍
軍人參加年改記者會還我公道；要求政府勿逼退
伍軍人走絕路」。

106	1130	退輔會主委李翔宙 (11/20) 在立院接受質詢時稱，「已和 3,428 位來自 11 個退伍軍人社團的退伍軍人溝通說明，有 60% 的退伍軍人可以接受退撫新制，30% 沒意見，10% 極力反對」。由於該數據明顯造假，陸軍官校校友總會與八百壯士共同號召退伍軍人到退輔會抗議，李翔宙未出面說明。
106	1217	11 時 30 分，國防部長馮世寬至八百壯士立法院前帳篷拜訪

1330 時，「八百壯士」提前慶祝行憲紀念日，並昭告於立法院前埋鍋造飯「300 天」，軍人有決心與毅力「護憲維權」；會後舉行遊行。

106 1225 「八百壯士」呼籲政府，軍人工作性質與公教團體不同，不要把退伍軍人逼到牆角，邀集退伍軍人團體討論對年改會亂改軍人退撫制度及後續因應行動，125 個退伍軍人團體參加。

107 0113 中央軍事院校校友總會主辦在中正紀念堂舉行「捍衛中華民國、捍衛兩蔣歷史定位」簽名支持活動。

107 0208 吳其樑指揮官於退伍軍人協會總會主持「中華民國八百壯士捍衛中華協會」第一次籌備會會議。

107 0220 大年初五，「八百壯士」埋鍋造飯第 365 天，各軍校校友會代表齊聚立法院前舉行升旗暨新春團拜儀式。由楊惠敏 (四行倉庫獻旗女童軍) 公子朱復圭獻旗，吳其樑指揮官代表接受後升起國旗，與會者高唱國歌、國旗歌。

107　0227　立法院新會期開議，預定 3 月 1 日行政院院會通
　　　　　過軍人年改的相關修法送立法院，立法院將開始
　　　　　列入審議，規劃於 7 月 1 日與公教法案同步施
　　　　　行。

　　　　　藉立法院會期開議與軍版法案審議直前，八百壯
　　　　　士退伍軍系袍澤再赴立法院向蘇嘉全院長提出嚴
　　　　　正陳情抗議。

　　　　　「八百壯士」埋鍋造飯第 372 天，清晨六時許，
　　　　　退伍軍人發動突襲進入立法院陳情，繆德生上校
　　　　　攀爬立法院外牆張掛國旗時不幸失足墜地，重傷
　　　　　送醫。

107　0228　八百壯士發起「為繆德生上校集氣祈福」點燈簽
　　　　　名活動。

107　0301　1500 時，退輔會主委邱國正偕同國防部副部長
　　　　　沈一鳴等人至中華民國退伍軍人協會拜會理事長
　　　　　高仲源、「八百壯士」指揮官吳其樑、副指揮官
　　　　　吳斯懷等人，表達對繆德生上校之關懷，並聽取
　　　　　「八百壯士」對退伍軍人事務的建議。

107　0302　「八百壯士」在立法院前舉行為繆德生上校點燈
　　　　　　祈福晚會。

107　0306　空軍退役上校郭克勇以「八百壯士護憲維權指揮
　　　　　　部」國際事務主任身分，赴美國拜會民主黨參議
　　　　　　員范霍倫 (Chris Van Hollen Jr.)，范氏承諾將透過
　　　　　　管道向台灣政府表達關切，希望台灣政府多與退
　　　　　　伍軍人溝通，和平解決紛爭。

107　0322　故繆德生上校於台北市第一殯儀館舉行公祭，數
　　　　　　千名退伍軍人致奠。陸軍官校校友總會製作由前
　　　　　　行政院長郝柏村及許歷農等十三位退役上將簽署
　　　　　　之褒揚狀，儀式備極哀榮。

107　0328　台北市都發局 0327 日發函，通知將於 0328 日拆
　　　　　　除位於中山南路帳篷。「八百壯士」號召退伍軍
　　　　　　人到場護衛帳篷；經協調配合台北市政府新規
　　　　　　定，於 0329 日自行拆除。

107　0329　埋鍋造飯第 402 天，「八百壯士」自行拆除位於
　　　　　　中山南路立法院大門旁帳篷，改於每日在中山
　　　　　　南路與青島東路口搭建簡易帳篷，並於當日拆

除。

107　0412　行政院院會通過「陸海空軍軍官士官服役條例」
部分條文修正草案（「55+2 版」，樓地板新台
幣 3 萬 8990 元，服役滿 20 年起支俸率 55%、
年增率 2%，俸率採計上限，軍官不超過 90%、
士官不超過 95%)，並於 4 月 13 日送請立法院審
議。

「八百壯士」指揮部召集軍公教警消勞等團體代
表約 250 位於三軍軍官俱樂部會議，針對蔡政府
強推的年金亂改研討因應做法，會中達成共識，
請立法院提出釋憲解決紛爭。會後赴立法院由國
民黨籍委員曾銘宗、費鴻泰、李彥秀陪同遞交陳
情書，呼籲院長盡速處理、明確回應請願訴求。
吳其樑指揮官表示，身為年改委員，然而政府從
未與其溝通，已經用盡諸般平和手段陳情，這是
最後一次送出陳情書。

107　0413　吳其樑、吳斯懷、黃一立、賀新民、羅睿達等退
伍軍人代表赴親民黨團拜會，協請親民黨團與國

民黨團共同提出釋憲案聲請。

107　0414　親民黨團同意簽署釋憲聲請書，與無黨籍高金素梅委員、國民黨團立委共同簽署「八百壯士」版為公教人員釋憲聲請書。

107　0416　行政院版《陸海空軍軍官士官服役條例修正草案》送立法院審議。「八百壯士」號召退伍軍人齊赴立法院外抗議。

107　0423 / 0424

中華民國退休警察總會發動連續兩天「警消不服從」運動，串聯全國各地退休警察、消防人員上街抗爭，表達不滿。

107　0425　立法院舉辦軍人年改首場公聽會，由民進黨籍立委王定宇主持。公聽會在學者專家以及立委發言完後，由國防部副部長、資源規劃司資源處長、退輔會副主委等上台照稿唸完即散會，公聽會在下午 1 點前結束。

107　0425 / 0426

「八百壯士」舉行護憲維權誓師大會，訴求：

公教法案先釋憲，再施行，軍人法案，現役先行，退役暫緩。立法院外在下午 1500 時爆發激烈衝突，部分退軍翻越立法院大門拒馬與刺絲網，進入立法院廣場，共有 63 人遭警方強力壓制。

107　0502 / 0503 / 0507

立法院國防及外交委員會通過分別於五月二、三及七日辦理公聽會，國防及外交委員會並進行法案初審進入詢答程序。

107　0509　立法院外交及國防委員會初審《陸海空軍軍官士官服役條例修正草案》，「八百壯士」發動退伍軍人在立法院外監督。

107　0510　立法院外交及國防委員會初審通過《陸海空軍軍官士官服役條例部分條文修正草案》，其中退俸起支俸率、18% 優存調降與退撫基金提撥費率等朝野無共識爭議條文，送院會協商，一個月後進行二審。

107　0611　立法院加開臨時會審查《陸海空軍軍官士官服役

條例》草案。

107 0613 八百壯士協力公教遞送「釋憲申請書」至司法
院。

107 0618 德國第一電視台（Das Erste）記者一行四人，
1500 至 1600 時至「八百壯士」帳篷區採
訪。

107 0619 「八百壯士」發表《陸海空軍軍官士官服役條例
修正草案》修正案二讀評析，指出目前保留未審
的相關條文，內容不僅存在爭議，且條文與條
文間亦有諸多矛盾，尤其軍人退伍的樣態實況
不一，「一刀切」政策衍生的後遺症將難以彌
補。

107 0620 鑑於立法院將完成軍版三讀立法程序，八百壯士
護憲維權指揮部發出「堅持最後一哩路」通告，
動員全國退休袍澤至立法院四周，發出最沉重的
抗議與怒吼。

22 時 10 分，立法院三讀通過《陸海空軍軍官士
官服役條例修正案》。

「八百壯士」帳篷在立法院旁櫛風沐雨、埋鍋造飯 485 天後，正式結束階段性任務。

107 0621 「八百壯士」獲佛教悟善禪師協助，暫借台北市成都路悟善基金會定綸精舍成都路會所繼續服務退伍軍人。

總統府公布修正《陸海空軍軍官士官服役條例》

107 0622 行政院公布軍人與公教年金改革新制，同步於 7 月 1 日施行

107 0630 「中華民國八百壯士捍衛中華協會」正式成立，「八百壯士」轉型為法人組織，吳斯懷獲選為首屆理事長，吳其樑獲聘為榮譽理事長，李來希等人為榮譽顧問。

【附件二】

成仁取義 — 黃埔楷模《繆德生》

《妙玄執筆》

序

序

悠悠歲月史　盛年難再逢　紀實存見證　留後人瞻仰

人生，日子，就是在吃、喝、拉、撒、睡中過去的。當下，去做想做的事，有了紀實，它就串成故事，是將來美好的回憶，則人生無憾。

人類歷史，生命史頁，也都是點點滴滴的瑣碎小事，堆疊起來的。

試看千秋萬代人類歷史，都因史記官，隨時記載，而成史實。爾後，供後人研讀，回溯當年場景，進入與古人相會，了解當時歷史事件，以為來日後人之借鏡。

例如：羅馬帝國時代，斯巴達三百壯士，誓死守護家園，在溫泉關隘口，阻擋波斯百萬大軍。後雖因無後勤、增援補給，加上被內賊出賣，引波斯軍從後方偷襲，幾乎全軍覆滅，後靠唯一生存者，返國據實以報，得以流傳，名垂千古。

又如：南宋時期文天祥在獄中忍七穢，自述：《人生自古誰無死，留取丹心照汗青》。寫下《正氣歌》「天地有正氣，雜然賦流形，下則為河嶽，上則為日星，於人曰浩然，沛乎塞蒼冥……」，一表明志。

　　也由於文天祥的不屈不服，最後，雖仍遭蒙古人所殺害，卻是：典型在夙昔，永垂典範。

　　須知，今日的大事，明日的小事，來日的故事；走過的歷史，若無紀錄、紀實，它，就是一片空白。

　　因此，紀實：《事雖小，影響卻深遠》。

一、畫龍點睛述行誼

　　有一種生命，一如前述，是：

　　力拔山兮，氣壯山河，捨生取義；

　　雖千萬人，不退縮；因為無畏無懼。

　　雖千萬人，吾往矣；因為浩氣長存。

　　繆德生，是位勇士，也是一位傲骨嶙峋，鐵錚錚的漢子！視死如歸。

　　往者已矣，來者可追。再敘述繆德生事略，還是讓人敬佩、崇敬與不捨。

　　繆德生，祖籍，江蘇省射陽縣《原祖籍阜寧縣，後來，大陸土地行政規劃，阜寧縣原管轄的陳洋鎮、合德鎮，改隸射陽縣》。

　　民國四十五年六月十五日出生於台北，民國六十八年畢業於陸軍軍官官校正四十八期。民國九十一年，聯勤總部戰訓組上校組長退役。

　　民國一〇七年二月二十七日清晨六時左右，在陳抗當日，從立法院外牆重摔墜地，經送台大醫院急救數日，三月五日下午二時，台大醫療團隊，宣布腦死，下午二時五十分，家屬同意拔管，往生了。

　　三月二十二日上午告別式，下午一時四十分，火化骨灰入罈，四月十一日上午九時，骨灰罈安厝台北市內湖區五指山軍人公墓忠靈殿玄 C 二一零三五靈骨塔位。

　　繆德生，他是一位了不起的黃埔子弟，任何人對他的增減一分，都無損他自身所散發出來的光芒。且如是說，他：

　　傳承了《黃埔革命精神》，發揚了《親愛精誠校訓》；凝聚了《學長學弟情誼》，努力奮鬥《振興中華文化》。

　　尤其《振興中華文化》，更是他念茲在茲，誓志終生奮鬥的目標。

　　而中華文化以儒家思想為主軸，所以「孔曰成仁，孟曰取義」正是儒家思想的核心內容 ─ 一種超脫於生命，關於

死節的精神。

如《論語•衛靈公》記載：「子曰，志士仁人，無求生以害仁，有殺身以成仁」。

如《孟子•告子上》記載：「生，亦我所欲也；義，亦我所欲也，二者不可得兼，捨生而取義者也」。

如《宋史》記載：蒙古滅南宋後，文天祥被俘虜寧死不降，公元一二八二年十二月九日，文天祥從容就義。

就義時，蒙古人，在文天祥身穿的衣服裡，發現了一份遺言：「孔曰成仁，孟曰取義，唯其義盡，所以仁至。讀聖賢書，所學何事？而今而後，庶幾無愧。」

由此可知，成仁取義，是沛然莫禦的浩然正氣、因浩氣長存，而能視死如歸，與日月爭輝。

定題《成仁取義 ─ 黃埔楷模繆德生》，正為表彰繆德生之精神不死，永垂典範。

二、進退有據黃埔郎

繆德生：

他是一位令人敬愛的學弟 ——

每次在八百壯士區，跟任何學長碰面，他都是立正，雙腿併攏，規規矩矩的舉手禮，問聲：《學長好》。

他是一位令人敬佩的壯士 ——

一身是膽，意志堅強、毅力驚人，敢做敢當，是雄獅，昂然兀立，傲視曠野，獨霸一方。

他是一位令人效法的英雄 ——

置個人死生於度外，揚民族生存之大義；一身膽衛中華，一條命保國家。

小小生命的光，是盞燈：

點亮了黑暗，照明了生命的道路；點燃成巨大的火炬，照耀著千千萬萬人的心。

三、靜坐絕食示決心

八百壯士為了抗議《年金改革方案 － 軍人這部分，事實是契約，不是年金》，訴求：維護權益，不溯既往、信賴保護。

從民國一〇六年二月二十一日開始《埋鍋造飯》，至民國一〇七年六月二十日立法院通過改革方案截止，共抗爭了四八五天。

如今，一如漏斗的沙，已分分秒秒流逝了，真的應驗了《今日不做，明日一定後悔》。應證了《今日的大事，明日的小事，來日的故事》。

集結區存在時，凝聚了黃埔袍澤，延續了黃埔精神 － 親愛精誠，犧牲、團結、奮鬥；不達目的，誓不中止。訴說著：

立院門前搭帳篷　　八百英雄守崗位

日曆翻頁近五百　　餐風露宿爭尊嚴

壯士豪氣耐寒暑　　團結黃埔前後期

忠肝義膽載史冊

繆德生，參與期間，他，很清楚自己的所作所為 － 不為名、利，是爭公平、正義、是非、黑白；是爭千秋，不是

爭一時。

是為：

一、爭軍人人格尊嚴。

二、捍衛中華反台獨。

所以，他，隨身都攜帶著〈交代書〉，做好殉道之準備。

民國一〇六年，一月十六日迄二十二日，他為了抗議不公不義的假議題 — 年金改革，為了軍人人格尊嚴，開始絕食，表示抗議的決心三、靜坐絕食示決心

四、展開行動頻抗爭

年金改革不是不能改，而是要合法、合理，做到：不溯既往、信賴保護。更何況，退俸不是年金。

退俸怎麼是年金

有法源信賴保護

憲法定不溯既往

政府睜眼說瞎話

張冠李戴強誤導

居心可殊令人憎

當繆德生發現，政府「年金改革」並無溝通誠意，卻一意孤行，不斷抹黑、打壓、分化軍、公、教，以致橫材入灶之後。

繆德生，開始展開行動，結合有志之士，到處抗爭不公義，誓死爭權益。也每天上、下午各一次，高擎著中華民國國旗，連續數月不間斷的，繞著總統府行走、發聲。

他不是為爭個人名利，而是爭公平、正義、是非黑白，爭氣節。

民國一〇六年，二月二十八日，在自由廣場，擎著國旗，往前衝，有效阻止獨派人士燒毀國旗。

民國一〇六年，三月七日，對考試院副院長李逸洋主持的年金改革會議，慷慨陳詞，致讓會議流會。

民國一〇六年，三月十七日，至國防部抗議。

民國一〇六年，三月二十九日遍地開花活動，在總統府前、在立法院前抗議。

五、行戰征途喚國魂

民國一〇六年，四月六日，在國父紀念館前，接受陸軍

軍官學校總會長胡筑生授旗，隨即展開《重返北伐之路》。

人生：

零碎的布條，可以編織美麗的彩衣，

零碎的時間，可以創造亮麗的人生。

繆德生，民國一〇六年四月七日，從廣州市長洲島黃埔軍校出發，迄七月七日抵達北京市永定河盧溝橋畔，共九十三天行程，走完三千五百公里路。

此趟路程，對當時六一花甲老翁繆德生來說，真是前無古人，也恐後無來者。

嘗言：登高必自卑，行遠必自邇。千里之行，始於足下；唯其堅忍不拔，意志堅強，毅力驚人，決心堅定，誓死達成任務者，才能做到 ─，就是繆德生，已完成了偉大的《壯舉》─ 真英雄也。

所謂：

山重路遠始足下　千辛極苦無畏懼

昂首挺胸邁步走　堅此百忍成壯舉

萬世之功人稱頌

更言：

古有岳飛，八千里路雲和月 ── 精忠報國，留青史。

今有德生，三千五百北伐路 ── 捍衛中華，喚國魂。

六、壯舉分享談理念

繆德生，民國一〇六年七月七日，完成《重返北伐之路》。七月十二日下午四時，回到台北後，第一場分享會，是七月十六日下午二至五時，在台北市中正區濟南路一段三二一號，台北商業大學承曦樓 C 四〇五階梯教室，做《重返北伐之路》的心得分享。

分享會前，我特題了藏頭銘，用 A4 紙張護貝，贈送給他：

藏頭：《德生千山萬水行》

德配天地英雄志

生龍活虎一豪俠

千辛極苦無畏懼

山重路遙始足下

萬世之功人稱頌

水滴穿石指日見

行戰征途喚國魂

當天下午，會場，座無虛席，Ｃ四〇五階梯教室，滿滿的人，三個小時，沒有冷場，我靜靜的聽繆德生說 ─ 一個不怕死的血性漢子《他身上，隨身帶有一張自寫的〈交代書〉─ 隨時準備赴義》，時而慷慨激昂、時而輕聲細語。

訴說著：為何要《重返北伐之路》，是取其意，不取其史，故不用《重走北伐之路》，而用《重返北伐之路》。如同三國志是正史，三國演義是小說，但是人人看得懂。

其自訴：

一、喜歡走路。

二、喜歡去大陸，因為，中華文化淵源流長。

三、喜歡父親常提的老家，順道尋根。

四、他說：我的信仰就是《振興中華反台獨》。

自七月十二日下午四時返台，回來四天了，都沒有好好睡過覺，心裡雖踏實，實在說，身體累了。

回想九十三天的過程，不瞞各位，感覺很榮耀、也很痛苦，一路上，常常望著筆直的大道、告知自己，路好遙遠，

盡頭在哪？

在艷陽高照，酷暑中行走，真的很無聊、很苦悶。也曾湧起放棄的念頭。如今，一切都過去了。

回台後，更累、更苦、更忙碌。明天開始，我要好好休息兩天，謝絕一切活動。

我要養足精神後，積極地去做：

一、弘揚中華文化的工作。

二、找尋、承傳黃埔精神。

三、照顧弱勢團體、個人，結合有志，凝聚共識。

只要有信仰、有理念，堅持下去，我們一定能達成《振興中華反台獨》。

七、捍衛中華環島行

繆德生，在民國一○六年九月二十五日，又展開為期十六天的《捍衛中華環島行計畫》，從國父紀念館前出發，經東部、折南部、走西部、返北部，於十月十日，當天，回到國父紀念館。

一個挺拔的身影，一套休閒的服裝，進入您我的視線

中。為展現軍人的榮譽、堅忍不拔、刻苦耐勞的毅力，為重振黃埔革命精神，要努力奮戰到最後一刻。他努力地去宣揚、傳達他的理念。

所謂：謀事在人，成事在天；德不孤，必有鄰；果然，每到一處，總是滿滿溫馨、熱情的人士與黃埔子弟，迎著繆德生。

真是：

志同道合英雄聚　　彰顯忠肝與義膽

情義相挺齊護憲　　怒潮發聲正澎湃

齊唱浩然正氣歌　　永結連枝同心圓

八、壯志未酬身先死

一個民族的命脈，一個國家的生存發展，是無數先人，披荊斬棘的犧牲奮鬥，所換取得來的。正所謂：

國祚綿延民族魂，全仗先烈黃花血；踵武前賢繼承志，方得萬世開太平。

成大事者，必須在當時當刻，點點與滴滴，充滿傻勁去做。不論成與敗，終究要成就一件大事，佔歷史一席篇幅，

讓來日，人們把它當成故事來訴說。

二〇一八年二月二十七日清晨六時左右，繆德生，在陳抗當日，從立法院外牆重摔墜地，送台大醫院急救。當下，全台灣各地，許許多多的人，跑到醫院關心，為他集氣、祈禱，希望他能度過難關。

三月二日晚上全台灣各地，關心他、愛護他的人，亦集聚一起，齊點燈祈福。晚上九至十一時，八百壯士指揮部，更在中山南路，立法院旁，鄰近台大醫院，集結發表聲明，一起點燈祈福，祈禱繆德生能脫離險境。

然而，終究天不假年，經急救數日後，三月五日下午二時，台大醫療團隊，宣布腦死，下午二時五十分，家屬同意拔管，繆德生往生了。

三月二十二日上午在台北第一殯儀館的告別式，莊嚴隆重，備極哀榮，覆蓋國旗、黨旗。前總統馬英九、副總統吳敦義，多位二級上將，眾多前後期黃埔子弟，均來送別。國防部，亦頒旌忠狀。陸軍軍官學校總會所頒褒獎狀，亦由十餘位二級上將，親自簽名。

上午告別式後，大體送第二殯儀館火化。下午一時四十

分，火化骨灰入罈。

四月十一日上午九時，骨灰罈安厝台北市內湖區五指山軍人公墓忠靈殿玄 C 二一○三五靈骨塔位。

九、英雄殞落天地悲

時序甲子賡續的輪迴，鍛造出，肩擔公平、正義的不屈脊樑。

花甲歲月風雨的歷程，雕琢出，英雄崛起、崢嶸的正義形象。

三月五日下午二時五十分，繆德生往生了。

三月十八日，由祝驪雯作詞，韓賢光作曲，趙傳演唱的《英勇勳章》─ 標題定名：『為《德》而《生》，衛《道》而《終》』，在 YOUTUBE 發佈傳唱。

三月二十一日，由尖端科技軍事雜誌創辦人畢中和博士暨夫人魏家苓錄製，薛中華作詞，余長錚作曲、主唱，梁世達和聲的《勇士奮起之歌》在 YOUTUBE 發佈。

片頭文字，藏頭，我題了：《德生俠勇成大愛》

德孚眾望鐵錚漢

生死無懼真英雄

俠骨柔情性中人

勇往直前勢難擋

成仁取義志節高

大智若愚樹典範

愛眾親鄰澤廣披

三月二十三日，藍天行動聯盟，特為故秘書長繆德生，錄製了－繆德生烈士追思紀念影片，在 YOUTUBE 發佈。

十、踏浪而來乘風去

繆德生往生後，震撼了全國人心，也改變了主政當局修正《所謂：年金改革方案－軍人這部分》－這是何等壯烈犧牲的代價，令人情何以堪，更令人哀悼與不捨。

天地有正氣，雜然賦流形。下則為河嶽，上則為日星，於人曰浩然，沛乎塞蒼冥。

繆德生，代表了一股正氣，真是：

氣貫長虹天地心

天上人間情不變

老兵身死氣節留

仰天長嘯英雄膽

黃埔情誼盡無際

常使後世心相繫

歌，將如是代代傳唱：

天地有正氣，一氣摧七穢氣，留名在青史

　　　　　　　　　—　文天祥書正氣歌。

天地有正氣，一氣擋千萬軍，誓死溫泉關

　　　　　　　　　—　斯巴達三百壯士。

天地有正氣，一氣破日銳氣，死守四行庫

　　　　　　　　　—　旗正飄飄謝晉元。

天地有正氣，一氣戳破謊言，堅守立法院

　　　　　　　　　—　埋鍋造飯八百士。

天地有正氣，一氣展英雄志，黃埔顯萬鈞

　　　　　　　　　—　忠肝義膽繆德生。

結語

黃埔楷模《繆德生》，往生前：

抗議的是：年金改革政策的不公平、不公正 ― 是有選擇性的政策。

爭取的是：軍人人格尊嚴 ― 不容污衊、醜化、被背信、拋棄。

訴求的是：維護權益，不溯既往、信賴保護。

所謂：

手提春秋筆　　墨留史丹青

心懷浩然氣　　口訴立國道

老朽人可枯　　精神永常留

人，不可以欺侮人；尤其是掌權者，更不可以仗權、仗勢，欺侮人。天不照甲子走，人不照天理走，必有亟報；主因《天地有正氣》。

因此，奉勸，主政者：《禍福無門，唯人自召》

《人情留一線，日後好做人》，千萬不要《講的一畚箕，做無一湯匙》 ― 台語。

您可以奪權治國，照顧所有的百姓；不可以奪權毀國，

盡所能排除異己。天理昭昭，萬不可使惡。會有報應的，當今的報應，更快。

須知，《錯誤的政策，比貪汙更可怕》；罔顧歷史、昧於現實、只有破壞沒有建設，最終必為人民唾棄 — 平民百姓，只要能生存、能生活是最低要求，當您搞得民不聊生，破壞了保持善良的底線，已經超越過度令人難堪、威脅生存、生活、生命底線時；那就是反擊的開始 — 就像沉睡的雄獅，已被喚醒，那必然揭竿而起。

尤其，天下事：《真的，假不了；假的，真不了》

一、真的，假不了 — 敢公開、透明，公諸世人，經得起質疑、討論，沒有、也不會遮遮掩掩。

二、假的，真不了 — 張冠李戴，別有用心，掛羊頭賣狗肉，不敢公開、透明，經不起質疑、討論，處處，遮遮掩掩。

走筆至此，我想到，民國一〇七年七月二十四日，陸官正四十六期砲兵科退役上校金克強所寫：一個退伍老兵的心聲。

當時看完後，陣陣辛酸，感同身受，如是表達心情：

天理何在：

歲月即將邁古稀 回首一生軍旅途

輪調來去本外島 辛酸過程無人曉

返家一如過路客 兒女成長常缺父

妻子獨立育兒女 勞累成疾罹肝癌

稚女歲半嗷待哺 為顧妻女忙報退

善盡人夫兼父職 八年陪伴妻往生

微薄退俸作生計 省吃節用以糊口

幼女年紀剛弱冠 就學空暇兼打工

晴天霹靂無教補 老兵忿忿問蒼天

從古自今，德不孤，必有鄰；人的所作所為，不在利益處著眼，終會贏得別人尊敬。人，一生，無欲則剛；不忮不求，真英雄。

【附件三】 照片集錦 1

走上街頭 表達訴求

1. 民國 105 年九三軍人節「反污名　要尊嚴」大遊行

圖 1-1　「反污名 要尊嚴」九三軍人節遊行 – 超過 20 萬人參加 (105-0903)

資料來源：　曾薏蘋，「九三大遊行 – 還給軍公教勞應有的尊嚴」，中時電子報，2016 年 9 月 4 日，<https://www.chinatimes.com/newspapers/20160904000273-260102>。

圖 1-2 前國防部部長嚴明參加「反污名 要尊嚴」遊行 (105-0903)

資料來源： 陳耀宗，「軍公教 10 萬人大遊行下午 2 時登場 大安森林公園中午已湧現人潮」，風傳媒，2016 年 9 月 3 日，< https://www.storm.mg/article/161870>。

圖 1-3 國旗隊擔任九三軍人節大遊行前導 (105-0903)

資料來源： 余承翰，「九三大遊行登場 前行政院長郝柏村到場」，聯合影音網，2016 年 9 月 3 日，<https://video.udn.com/news/553797>。

圖 1-4　「反污名 要尊嚴」九三軍人節遊行 - 復興崗校友會國旗隊 (105-0903)

資料來源：「93 大遊行　教師尊嚴之墓成亮點」，上報，2016 年 9 月 3 日，
<https://www.upmedia.mg/news_info.php?SerialNo=3540>。

圖 1-5　「反污名 要尊嚴」九三軍人節遊行 - 空軍官校校友會 (105-0903)

資料來源：空軍官校校友會

圖 1-6 陸軍官校 44 期參加「反污名 要尊嚴」遊行 - (105-0903)

資料來源：陸軍官校 44 期同學會

圖 1-7 海軍官校校友會參加「反污名 要尊嚴」遊行 - (105-0903)

資料來源：海軍官校校友會

圖 1-8　陸軍官校 47 期參加「反污名 要尊嚴」遊行 - (105-0903)

資料來源：陸軍官校 47 期同學會

圖 1-9　陸軍官校 52 期 500 餘人參加「反污名 要尊嚴」遊行 - (105-0903)

資料來源：陸軍官校 52 期同學會

圖 1-10 九三軍人節大遊行 - 政戰專 8 期旗幟醒目 (105-0903)

資料來源：　「好困惑阿！政院高層：年金改革方案未出　是反對什麼？」，
自由時報，2016 年 9 月 3 日，<http://m.ltn.com.tw/news/
politics/breakingnews/1815036>。

圖 1-11 警察團體參加「反污名 要尊嚴」九三軍人節遊行 (105-0903)

資料來源：　張達智，「93 軍公教大遊行 4 路人馬結集 排隊報到人潮湧現」，
中時電子報，2016 年 9 月 3 日，<https://www.chinatimes.
com/realtimenews/20160903002778-260401>。

圖 1-12　95 歲高齡女士參加「反污名 要尊嚴」九三軍人節遊行 (105-0903)
(空官 55 期宋英權及陸官 47 期宋英鶴兩兄弟陪同母親)

資料來源：陸軍官校 47 期同學會

2.　民國 106 年參加「監督年金改革行動聯盟」抗爭活動

圖 2-1　陸軍官校 38 期參加年金改革國是會議凱道抗議 (106-0122)

資料來源：　陸軍官校 38 期同學會

圖 2-2「退伍軍人協會」聲援警消「遍地開花」抗爭活動 (106-0329)

資料來源： 「本會聲援警消【遍地開花】抗爭活動」，中華民國退伍軍人協
會，2017 年 3 月 29 日，<http://www.varoc.org.tw/vnews/
showpnews.asp?id=32>。

圖 2-3 聲援警消「遍地開花」抗爭活動 - 陸軍官校 38 期 (106-0329)

資料來源：陸軍官校 38 期同學會

圖 2-4 聲援公教「夜宿圍城」抗爭活動 - 陸軍官校 38 期 (106-0418)
(狄運亨會長帶領朱孟華與遺眷王利德、徐素芬大嫂等 30 員，
參加立法院週邊抗爭活動，於八百壯士帳篷前留影)

資料來源：陸軍官校 38 期同學會

圖 2-5 立法院臨時會處理年金改革案 全國公務人員協會動員抗議 (106-0615)

資料來源：「反年改冒雨上街頭　群眾雨傘貼訴求表立場」，中央社，106 年
　　　　　6 月 15 日，施宗暉攝。

圖 2-6 立法院臨時會處理公教年金改革案「八百壯士」動員聲援 (106-0615)

資料來源： 「反年改團體立法院周邊陳抗 (1)」，中央社，106 年 6 月 15 日，
吳家昇攝。

圖 2-7 立法院臨時會處理公教年金改革案「八百壯士」動員聲援 (106-0615)

資料來源： 「反年改團體立法院周邊陳抗 (2)」，中央社，106 年 6 月 15 日，
吳家昇攝。

3. 慶祝中華民國 106 年軍人節活動

圖 3-1 慶祝中華民國 106 年軍人節 – 台北車站大廳 (106-0903)

資料來源：　朱冠諭 ，「八百壯士淋雨遊行 高聲呼喊反年改」，風傳媒，2017
年 9 月 3 日，<https://today.line.me/tw/pc/article/ 八百壯士淋
雨遊行 + 高聲呼喊反年改 -Pr8qKM>。

圖 3-2 海軍官校校友會參加慶祝年軍人節活動 (106-0903)

資料來源：海軍官校校友會。

圖 3-3 陸軍官校 47 期參加慶祝軍人節活動－台北車站大廳 (106-0903)

資料來源：陸軍官校 47 期同學會

圖 3-4 陸軍官校四禧聯誼會大學長擔任遊行梯隊前導 (106-0903)

資料來源：　陳鈺馥，「上千人淋雨遊行 八百壯士往總統府抗議」，自由時報，2017 年 9 月 3 日，< https://m.ltn.com.tw/news/politics/breakingnews/2182228>；海軍官校校友會。

圖 3-5 陸軍航空總會總會長桂守國學長率隊參加慶祝活動 (106-0903)

資料來源：陸軍航空總會

圖 3-6 陸軍官校 46 期學長參加遊行 (106-0903)

資料來源：陸軍官校 46 期同學會

4. 抗議未經溝通公布「軍人退撫新制（草案）重點」（106-1114）

圖 4-1 抗議未經溝通公布「軍改（草案）重點」－陸軍官校校友總會參加遊行

資料來源： 倪玉濱，「八百壯士反年改上街頭　洪秀柱聲援高喊革命無罪」，
台灣好報，2017 年 11 月 18 日，<http://www.taiwandiginews.com.tw/?p=61381>。

圖 4-2 八百壯士指揮部及陸軍官校 38 期參加行政院前抗議 (106–1114)

資料來源：陸軍官校 38 期同學會

圖 4-3 空軍官校校友會參加行政院前抗議 (106–1114)

資料來源：空軍官校校友會

圖 4-4 復興崗校友會 - 政戰學校 23 期參加行政院前抗議 (106–1114)
(左下圖 20 期陳裕中及 21 期何愛英兩位會長領唱國歌)

資料來源：政戰學校校友會

圖 4-5　抗議未經溝通公布「軍改（草案）重點」－陸軍官校 42 期參加遊行

資料來源：　倪玉濱，「八百壯士反年改上街頭　洪秀柱聲援高喊革命無罪」，
　　　　　　台灣好報，2017 年 11 月 18 日，<http://www.taiwandiginews.
　　　　　　com.tw/?p=61381>。

圖 4-6　陸官 46 期及政戰 22、24、25 期參加行政院前抗議 (106-1114)

資料來源：　程嘉文，「看懂軍人年改 舊制、新制、新新制讓哪一期最苦命？」，
　　　　　　聯 合 報，2017 年 12 月 10 日，<https://theme.udn.com/
　　　　　　theme/story/6773/2866215>。

圖 4-7　指揮車上陸官王忠義學長安撫群眾 (左上圖為空官謝啟宇學長)

資料來源：　鄭鴻達，「八佰壯士凱道一度內鬨喊衝 唱完國歌轉戰立院」，
自由時報，2017 年 11 月 14 日，<http://m.ltn.com.tw/news/
society/breakingnews/2252987>；空軍官校校友會。

圖 4-8　陸官 47 期參加行政院前抗議及遊行 (106–1114)

資料來源：陸軍官校 47 期同學會

5. 慶祝「106 年行憲紀念日暨護憲維權 300 天」遊行 (106-1217)

圖 5-1 參加「八百壯士」護憲維權 300 天大會的將軍 (106-1217)
(夏知新、劉鴻鳴、袁鐵雄、蔡源福)

資料來源：　倪玉濱，「八百壯士反年改上街頭　洪秀柱聲援高喊革命無罪」，
　　　　　　台灣好報，<http://www.taiwandiginews.com.tw/?p=61381>。

圖 5-2 參加「行憲紀念日暨護憲維權 300 天」遊行 - 海軍官校校友會

資料來源：　朱冠諭，「八百壯士再上街頭 洪秀柱力挺：民進黨別逼他們做出
　　　　　　更激烈行動」，風傳媒，2017 年 12 月 17 日，<https://www.
　　　　　　storm.mg/article/373691>。

圖 5-3 空軍校友會參加護憲維權 300 天大遊行 (106-1217)

資料來源：　畢翔，「八百壯士『誓死護憲』 國防部前部長嚴明等 10 上將冒雨
　　　　　　出席」，上報，2017 年 12 月 17 日，<https://www.upmedia.
　　　　　　mg/news_info.php?SerialNo=31388>。

圖 5-4　陸軍官校 38 期參加護憲維權 300 天大遊行 (106-1217)

資料來源：陸軍官校 38 期同學會

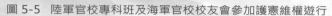

圖 5-5　陸軍官校專科班及海軍官校校友會參加護憲維權遊行

資料來源：　朱冠諭，「八百壯士再上街頭　大咖退將痛批民進黨無恥八百壯士再上街頭」，中評社，2017 年 12 月 18 日，<www.crntt.tw/doc/1049/1/3/5/104913551.html?coluid=7&kindid=0&docid=104913551>。

圖 5-6　參加「106 年行憲紀念日暨護憲維權 300 天」遊行－陸軍官校 42 期

資料來源：陸軍官校 42 期同學會

圖 5-7　參加「106 年行憲紀念日暨護憲維權 300 天」遊行 - 政戰學校 23 期

資料來源：政戰學校 23 期同學會

圖 5-8　參加「行憲紀念日暨護憲維權 300 天」遊行－海軍官校學長 (106-1217)

資料來源：海軍官校校友會

圖 5-9 陸軍官校專 35 期及三軍官校專聯會參加護憲維權遊行 (106-1217)

資料來源：陸軍官校專 35 期同學會

圖 5-10 陸軍官校 47 期 150 人參加護憲維權 300 天大遊行 (106-1217)

資料來源：陸軍官校 47 期同學會

圖 5-11 陸軍官校 50 期參加「106 年行憲紀念日暨護憲維權 300 天」遊行

資料來源：　倪玉濱，「八百壯士反年改上街頭　洪秀柱聲援高喊革命無罪」，
　　　　　　台灣好報，<http://www.taiwandiginews.com.tw/?p=61381>；
　　　　　　陸軍官校 50 期同學會。

6. 最後一哩路—抗議軍改法案闖關

圖 6-1 立法院初審軍改法案—黃復興黨部到場聲援 (107-0510)

資料來源：　「反軍改民眾立院外抗議」，中央社，107 年 5 月 10 日，王飛華攝。

圖 6-2 立法院初審軍改法案－海軍官校學長到場關切 (107-0509)

資料來源：海軍官校校友會

圖 6-3 立法院初審軍改法案 陸軍官校 42 期動員監督 (107-0509)

資料來源：陸軍官校 42 期同學會

圖 6-4 立法院初審軍改法案 政戰學校 23 期動員監督 (107-0509)

資料來源：政戰學校 23 期同學會

圖 6-5 軍改法案完成初審 八百壯士悲憤不已 - 陸官羅睿達學長 (107-0510)

資料來源： 陳明安，「軍改完成初審 八百壯士難掩情緒泛淚」，今日新聞 NOWNEWS，2018 年 5 月 10 日，<https://www.nownews. com/news/20180510/2751948/> 。

圖 6-6 軍改法案預計 0620 闖關　八百壯士再次動員 (107-0611)

資料來源：　「軍人年改臨時會闖關 八百壯士發出動員令」，中央廣播電台，
107 年 6 月 11 日，劉玉秋攝。

圖 6-7 軍改三讀當天——堅持最後一哩路的政戰 22 及 24 期學長 (107-0611)

資料來源：　「反 軍 改 上 街 頭 北 市 部 署 500 名 警 力 因 應」，聯 合 新
聞　網，2018 年 6 月 11 日，<https://udn.com/news/
story/10930/3191798>。

圖 6-8 軍改法案預計 0620 闖關　黃復興黨部動員監督 (107-0615)

資料來源：　「埋鍋造飯 480 天『八百壯士』將轉型協會」，自由時報，
　　　　　　2018 年 6 月 15 日，<http://m.ltn.com.tw/news/politics/
　　　　　　breakingnews/2459013>。

圖 6-9 立法院院會審理軍改案　先處理無爭議條文 (107-0619)

資料來源：　「立院審軍改　無爭議條文 19 日先處理」，中央社，107 年 6 月
　　　　　　19 日，王飛華攝。

圖 6-10 軍改法案預計 0620 闖關　八百壯士於立法院周邊遊行 (107-0619)

資料來源：　「軍改決戰時刻　八百壯士遊行高喊：有事軍警幹，沒事幹軍警」，
上報，2018 年 6 月 19 日，<https://www.upmedia.mg/news_info.php?SerialNo=43002>。

圖 6-11 抗議軍改法案闖關　八百壯士於立法院周邊遊行 (107-0619)

資料來源：　黃威彬，「軍人年改明闖三讀 場內表決大戰、場外八百壯士抗
議」，信傳媒，2018 年 6 月 19 日，<https://www.cmmedia.com.tw/home/articles/10471>。

圖 6-12 抗議軍改法案闖關　八百壯士於總統府前遊行 (107-0619)

資料來源：　黃威彬，「軍人年改明闖三讀 場內表決大戰、場外八百壯士抗議」，信傳媒，2018 年 6 月 19 日，<https://www.cmmedia.com.tw/home/articles/10471>。

圖 6-13 抗議軍改法案闖關　八百壯士於凱道前遊行 (107-0619)

資料來源：翻攝 TVBS 官網

圖 6-14 抗議軍改法案闖關　八百壯士於凱道前遊行 (107-0619)

資料來源：　「抗議軍改 八百壯士府前高喊蔡英文總統下台」，中評社，
2018 年 6 月 19 日，< h t t p : / / w w w . c r n t t .
t w / d o c / 1 0 5 1 / 0 / 8 / 3 / 1 0 5 1 0 8 3 9 9 _ 2 .
h t m l ? c o l u i d = 9 3 & k i n d i d = 2 9 1 0 & d o c i
d=105108399&mdate=0619161908>。

圖 6-15 抗議軍改法案闖關　八百壯士立院旁監督 (107-0619)

資料來源：　「八百壯士遊行和平落幕 取消立院夜宿行程」，中央社，107 年
6 月 19 日，游凱翔攝。

圖 6-16 抗議軍改法案闖關 八百壯士於台北車站前遊行 (107-0619)

資料來源： 八百壯士遊行抗議 交通打結」，中央社，2018 年 6 月 19 日，徐
肇昌攝。

圖 6-17 堅持最後一哩路的退軍同袍在青島東路立院旁 (107-0619)

資料來源： 「軍改拚三讀 八百壯士下午遊行表達訴求」，中央社，107 年 6
月 19 日，游凱翔攝。

圖 6-18 堅持最後一哩路——陸軍航空總會 (107-0620)

資料來源：陸軍航空總會

圖 6-19 堅持最後一哩路的退軍同袍在青島東路立院旁 (107-0620)

資料來源： 程嘉文，「快馬加鞭！軍改處分書 周五前寄出」，聯合
新 聞 網，2018 年 6 月 25 日，<https://udn.com/news/
story/11311/3216659 >。

圖 6-20 退役將官社會服務總會參加立法院周邊遊行 (107-0620)

資料來源：黃義書，「八百壯士『感謝遊行』將持續抗爭」，聯合新聞網，2018 年 6 月 20 日，<https://udn.com/news/story/6656/3208890>。

圖 6-21 軍改三讀當天立法院周邊抗議遊行 (107-0620)

資料來源：陸軍官校 42 期同學會

圖 6-22　軍改三讀當天立法院周邊抗議遊行－陸軍官校 47 期 (107-0620)

資料來源：　「立院審軍改 八百壯士繞行院外表訴求」，中央社，107 年 6 月
　　　　　　20 日，施宗暉攝。

圖 6-23　軍改三讀當天立法院周邊抗議遊行－陸軍官校 47 期 (107-0620)

資料來源：　黃義書，「八百壯士『感謝遊行』 將持續抗爭」，聯合
　　　　　　新聞網，2018 年 6 月 20 日，<https://udn.com/news/
　　　　　　story/6656/3208890>。

圖 6-24 - 抗議軍改法案闖關 - 國管院游錦帆發出怒吼 (107-0620)

資料來源： 黃義書，「八百壯士『感謝遊行』將持續抗爭」，聯合新聞網，2018 年 6 月 20 日，<https://udn.com/news/story/6656/3208890>。

【附件三】照片集錦 2

重大陳抗衝突事件

107 年 2 月 27 日「突襲立法院」與 4 月 25 日「決戰立法院」

圖 1-1 107 年 2 月 27 日立法院開議首日青島東路側門遭推倒

資料來源：「八百壯士怒吼！反年改團體突襲立院」，2018 年 2 月 27 日，中時電子報，<https://www.chinatimes.com/realtimenews/20180227000928-260402>。

圖 1-2 立法院青島東路側門抗議群眾聚集情況

資料來源： 張嘉文，「軍人年改樓地板傳生變　八百壯士要求停審」，
2018 年 2 月 27 日， 中 評 社，<http://hk.crntt.com/
doc/1049/8/6/9/104986918_2.html?coluid＝93&kindid＝
15870&docid＝104986918&mdate＝0227100940>。

圖 1-3 立法院鎮江街後門群眾與警方對峙情況

資料來源： 「退伍軍人團體八百壯士 拂曉突襲立法院」，2018 年 2 月 27 日，
中國時報，張鎧乙攝。

圖 1-4 立法院鎮江街議場前抗議人士靜坐情況 2

資料來源： 「反年改團體立院陳抗 籲協商合法」，旺報，2018 年 2 月 28 日，
姚志平攝。

圖 1-5 前行政院長郝柏村到立法院現場關心 (107-0227)

資料來源： 「反年改衝立院一人重傷 郝柏村到場探視」，中央社，2018 年 2
月 27 日，吳家昇攝。

圖 1-6 國民黨主席吳敦義到立法院現場及台大醫院關心 (107-0227)

資料來源： 「繆德生重傷 吳敦義：保家衛國卻淪至此」，中央社，2018 年 2
月 27 日，孫仲達攝。

圖 1-7 國民黨主席吳敦義到立法院現場關心 (107-0227)

資料來源： 「郁慕明探視反軍人年改團體」，中央社，2018 年 2 月 27 日，
吳家昇攝。

圖 1-8 國民黨前主席洪秀柱到立法院現場關心 (107-0227)

資料來源：　「洪秀柱探視反軍人年改團體」，中央社，107 年 2 月 27 日，吳家昇攝。

圖 1-9 國民黨前主席洪秀柱到「八百壯士」帳篷聲援 (107-0227)

資料來源：　「洪秀柱慰問反軍改團體」，中央社，107 年 2 月 27 日，吳翊寧攝。

圖 1-10 國民黨前主席洪秀柱慰問受重傷之繆德生上校 (107-0227)

資料來源：「反軍人年改衝立院一人重傷 洪秀柱慰問」，中央社，107 年 2 月
　　　　　27 日，黃麗芸攝。

圖 1-11 前行政院長郝柏村到「八百壯士」帳篷聲援 (107-0227)

資料來源：「八百壯士突襲立院 2 傷 郝柏村到場聲援『抗議軍改』」，中國
　　　　　時報，2018 年 2 月 27 日，謝明俊攝。

圖 1-12 曾在黨政軍擔任要職前輩至「八百壯士」帳篷聲援 (107-0227)

資料來源：林健華

圖 1-13　立法院國民黨籍立法委員為繆德生祈福 (107-0227)

資料來源：　「藍委立院為反年改受傷軍官祈福（1）」，中央社，107 年 2 月
27 日，孫仲達攝。

圖 1-14 「八百壯士」在立法院前舉行為繆德生點燈祈福晚會 (107-0302)

資料來源：同上

圖 1-15 黃埔楷模繆德生告別式 - 陸軍官校 48 期送行 (107-0322)

資料來源：「繆德生告別式 陸官 48 期同學淚喊：來生再當兄弟」，中國時報，
2018 年 3 月 22 日，張鎧乙攝。

0425 立法院舉行軍改公聽會　八百壯士舉行「護憲維權誓師大會」

圖 2-1　0425 上午，立法院軍改公聽會「八百壯士」代表發言情形

資料來源：　「軍人年改公聽會 八百壯士嗆退輔會可恥」，中國時報，2018 年 4 月 25 日，姚志平攝。

圖 2-2　0425 上午，立法院軍改公聽會 陸官 51 期謝健虎發言情形

資料來源：　廖惠玲，「軍改公聽會 八百壯士：荒謬年改是總統的態度嗎？」，聯合新聞網，2018 年 4 月 25 日，<https://udn.com/news/story/12038/3106318?from=udn-referralnews_ch2artbottom>。

圖 2-3　0425 下午 3 時，群眾與警方在立法院大門前爆發嚴重推擠
陸軍官校 47 期學長在第一線

資料來源：　「昔寬待太陽花 今研擬『襲警罪』蔡政府雙重標準」，中國時報，
　　　　　　2018 年 4 月 27 日，陳君瑋攝。

圖 2-4 大批退伍軍人同袍聚集在立法院前抗議

資料來源：　廖炳棋，「『八百壯士』突襲立院 已有人爬過拒馬進入立院」，
　　　　　　聯合新聞網，2018 年 4 月 25 日。<https://udn.com/news/
　　　　　　story/6656/3106737>。

圖 2-5 勇士們越過阻絕鐵絲網攀上立法院大門

資料來源： 「反年改八百壯士衝立院 員警記者混亂中受傷」，中央社，107
年 4 月 25 日，張新偉攝。

圖 2-6 勇士們越過阻絕鐵絲網攀上立法院大門旁圍牆

資料來源： 蕭雅娟，「反年改爆流血衝突 八百壯士發言人道歉」，
聯 合 報，2018 年 4 月 25 日，<https://udn.com/news/
story/11311/3107932>。

圖 2-7 勇士們越過阻絕鐵絲網攀上立法院大門
舉國旗者為陸官 51 期黃冬輝學長

資料來源：羅吉倫

圖 2-8　勇士們越過阻絕鐵絲網攀越立法院大門

資料來源：　「反軍改爆衝突 霹靂小組員警遭抗議群眾毆打」，中央社，107
　　　　　　年 4 月 25 日，徐肇昌攝。

圖 2-9 立法院大門旁圍牆鐵柵欄遭抗議群眾拉倒

資料來源：　「軍改案衝突 43 員警記者受傷 政院嚴厲譴責暴力」，中央社，
　　　　　　107 年 4 月 25 日，徐肇昌攝。

圖 2-10 退軍勇士們越過阻絕鐵絲網攀越立法院大門旁圍牆

資料來源：　「反軍改衝突　立院警以盾牌抵擋八百壯士」，中央社，2018 年
　　　　　　4 月 25 日，徐肇昌攝。

圖 2-11 立法院大門前群眾與警方爆發嚴重推擠

資料來源： 「反軍改爆衝突 霹靂小組員警遭抗議群眾毆打」，中央社，107
年 4 月 25 日，徐肇昌攝。

圖 2-12 立法院大門前群眾與警方爆發嚴重衝突 (2017-0425)

資料來源： 「反軍改爆衝突 霹靂小組員警遭抗議群眾毆打」，中央社，107
年 4 月 25 日。施宗暉攝。

圖 2-13 以一當十奮不顧身的勇士攀越立法院正門（陸官 47 期朱明光）

資料來源：　「軍改案衝突　民眾爬立院外牆」，中央社，2018 年 4 月 25 日，
　　　　　　施宗暉攝。

圖 2-14 護憲維權誓師大會　一群女軍訓教官引領齊唱愛國歌曲 (107-0425)
用實際行動愛我們的國家　用嘹亮歌聲唱出不滅的軍人魂

資料來源：八百壯士指揮部

圖 2-15 立法院大門旁圍牆柵欄被拉倒—陸官 48 期王身治學長

資料來源：羅吉倫

圖 2-16 立法院大門前大批群眾聚集

資料來源：「警方制伏翻牆群眾　束帶強制捆綁手腳」，中評社，2018 年 4 月 25 日，<http://hk.crntt.com/doc/1050/4/9/9/105049980_5.html?coluid=93&kindid=13830&docid=105049980&mdate=0426095311>。

2-17 國民黨前主席洪秀柱夜間至立法院探班「八百壯士」

資料來源：　倪鴻祥，「洪秀柱入夜探班退伍軍人搶訴苦」，中評社，2018 年
　　　　　　4 月 26 日，<http://hk.crntt.com/doc/1050/5/0/1/105050155.
　　　　　　html?coluid=93&kindid=2910&docid=105050155&mda
　　　　　　te=0426002858>。

圖 2-18　0425 晚，洪前主席探視搭棚夜宿的海軍官校學長們
被媒體入鏡的海軍官校專科 66 年班孫觀宇、趙民居學長 (左下圖)

資料來源：　「洪秀柱關切八百壯士安全」，中國時報，2018 年 4 月 26 日，
　　　　　　黃世麒攝；海官校友會。

圖 2-19　政戰學校 23 期參加 0425 決戰立法院

資料來源：政戰學校 23 期同學會

圖 2-20　三軍各院校期班參加 0425 決戰立法院

資料來源：林健華

2-21 遭警方粗暴對待的勇士—陸軍官校專 6 期劉文珏 (107-0425)

資料來源： 劉慶侯，「反年改攻立院 15 員警 10 記者傷 檢進駐偵辦」，自
由 時 報，2018 年 4 月 25 日，<http://news.ltn.com.tw/news/
politics/breakingnews/2406615>。

圖 2-22 立法委員高金素梅探視衝入立法院的海軍黎家平將軍 (2017-0425)

資料來源：羅吉倫

圖 2-23 巾幗英雄吳惠茜——父女皆政戰學校畢業－虎父無犬女 (107-0426)

資料來源：政戰學校校友會

圖 2-24　被警方限制自由的勇士返「八百壯士」基地 (107-0426)

資料來源：6973 同學聯誼會

圖 2-25　民眾日報 107-0427 頭版報導

【附件三】 照片集錦 3
那 485 天 我們一起埋鍋造飯的日子 (1-299)

圖 1-1 「八百壯士」召開記者會 宣布開始於帳篷區輪值 (106-0221)

資料來源: 周怡孜,「『800 壯士』繞立院反年金改革,吳斯懷:政府不能說我們是米蟲」,風傳媒,2017 年 2 月 21 日,<http://api.nexdoor.stormmediagroup.com/article/226066>。

圖 1-2 李來希理事長探視夜班留值人員—陸軍官校 52 期 (106-0221-22)

資料來源：陸軍官校 52 期同學會

圖 1-3 第 2 天—陸軍官校 43 期輪值 (106-0222)

資料來源：陸軍官校 43 期同學會。

圖 1-4 第 4 天——輪值遊行 風雨無阻 - 陸軍官校 50 期 (106-0224)

資料來源： 戴祺修，「風雨無阻　八百壯士仍繞立院」，中評社，2017 年 2 月 24 日，<http://hk.crntt.com/doc/1045/8/8/6/104588684_6. html?coluid=93&kindid=17891&docid=104588684&mdate=0224133116>。

圖 1-5 第 5 天——輪值遊行 - 忠義同志會等 (106-0225)

資料來源：陸軍官校 35 期同學會

圖 1-6 第 10 天—陸軍官校 38 期輪值 (106-0302)

資料來源：陸軍官校 38 期同學會

圖 1-7 第 12 天—軍校 73 及 74 年班同學會輪值與整隊出發遊行 (106-0304)

資料來源：6973 同學聯誼會

圖 1-8　第 13 天—陸軍官校 44 期輪值 (106-0305)

資料來源：陸軍官校 44 期同學會

圖 1-9 第 15 天—中正理工學院輪值 - 國民黨郝副主席到場聲援 (106-0307)

資料來源：國民黨副主席郝龍斌辦公室

圖 1-10　第 18 天—郝龍斌副主席及嚴明部長到場慰問 (106-0310)

資料來源：陸軍官校 38 期同學會

圖 1-11　第 18 天—陸官四禧會輪值 (106-0310)

資料來源：陸軍官校 38 期同學會

圖 1-12 第 20 天—陸軍官校 47 期輪值與整隊出發遊行 (106-0312)

資料來源：陸軍官校 47 期同學會

圖 1-13 第 24 天—空軍官校校友會輪值 (106-0316)
退伍軍人協會高理事長率秘書長金國樑等慰問八百壯士

資料來源：　「高理事長慰問【八百壯士捍衛權益】退伍袍澤」，中華民國退伍軍人協會，2017 年 3 月 16 日，<http://www.varoc.org.tw/vnews/showpnews.asp?id=30>。

圖 1-14 第 24 天—空軍官校校友會輪值 (106-0316)

資料來源：空軍官校校友會

圖 1-15 第 25 天—空軍官校 57 期輪值 (106-0317)

資料來源：空軍官校校友會

圖 1-16 第 27 天—陸軍官校 58 期輪值 (106-0319)

資料來源：八百壯士指揮部

圖 1-17 第 28 天—陸軍官校 42 期輪值 (106-0320)

資料來源：陸軍官校 42 期同學會

圖 1-18 第 29 天—陸軍官校 41 期輪值及整隊準備出發遊行 (106-0321)

資料來源：陸軍官校 41 期同學會

圖 1-19 第 32 天—陸軍官校 47 期輪值 整隊準備出發遊行 (106-0324)

資料來源：陸軍官校 47 期同學會

圖 1-20 第 34 天—6973 同學聯誼會輪值與遊行 (106-0326)

資料來源：6973 同學聯誼會

圖 1-21 第 37 天 – 政戰學校 29 期 - 陸軍官校 52 期輪值 (106-0329)

資料來源：陸軍官校 52 期同學會

圖 1-22 第 38 天—退役將官社會服務總會輪值並遊行 (106-0330)

資料來源：退役將官社會服務總會

圖 1-23 第 39 天 – 陸軍官校專修 35 期輪值 (106-0331)

資料來源：陸軍官校專 35 期同學會

圖 1-24 第 40 天 -- 陸官 44 期輪值 (106-0401)

資料來源：陸軍官校 44 期同學會

圖 1-25 第 41 天——中正預校全國校友會輪值 (106-0402)

資料來源：中正預校全國校友會

圖 1-26　第 57 天—「夜宿圍城」– 陸軍官校 47 期輪值 (106-0418)

資料來源：陸軍官校 47 期同學會

圖 1-27　第 57 天—陸軍官校 38 期會長狄運亨等於帳篷區留影 (106-0418)

資料來源：陸軍官校 38 期同學會

圖 1-28　第 62 天——海軍官校 68 年班輪值 (106-0423)

資料來源：海軍官校校友會

圖 1-29　第 64/76 天——陸軍官校 47/44 期輪值 (106-0425/0507)

資料來源：　陸軍官校 47 期同學會；吳政峯，「三組抗議團體駐府院
黨　假日無休」，中評社，2017 年 5 月 8 日，<http://
hk.crntt.com/crn-webapp/touch/detail.jsp?coluid=
7&kindid=0&docid=104671070>。

圖 1-30　第 78 天－陸軍官校 38 期輪值 (106-0509)

資料來源：陸軍官校 38 期同學會

圖 1-31　第 82 天—空軍校友會輪值—悟善禪師與大家結緣 (106-0513)

資料來源：悟善基金會

圖 1-32　第 84 天──中正預校全國校友會輪值 (106-0515)

資料來源：中正預校全國校友會

圖 1-33　第 85 天－陸軍官校 43 期輪值 (106-0516)

資料來源：陸軍官校 43 期同學會

圖 1-34　第 89/96 天－陸軍官校 49 期輪值 (106-0520/27)

資料來源：陸軍官校 49 期同學會

圖 2-1　第 100/101 天－陸軍官校 46/47 期輪值 (106-0531/0601)
女軍訓教官班及女青年工作隊留影

資料來源：陸軍官校 47 期同學會

圖 2-2 第 110 天—空軍官校、幼年學校及航空技術學校輪值 (106-0610)

資料來源：空軍官校校友會

圖 2-3 第 112 至 115 天—陸官 52 期連續輪值四天 -42 期譚學長慰問 (106-0612)

資料來源：陸軍官校 52 期同學會

圖 2-4　第 119 天——陸軍官校 38 期輪值 (106-0619)

資料來源：陸軍官校 38 期同學會

圖 2-5 第 126 天——陸軍官校 43 期輪值 (106-0626)

資料來源：陸軍官校 43 期同學會

圖 2-6 第 127 天—海軍官校 63 年班輪值　(106-0627)

資料來源：海軍官校校友會

圖 2-7 第 141 天—陸軍官校 47 期輪值－林憲同律師前往慰問 (106-0711)

資料來源：陸軍官校 47 期同學會

圖 2-8 第 142 天—陸軍官校 47 期輪值 (106-0712)

資料來源：陸軍官校 47 期同學會

圖 2-9 第 146 天—中正理工學院輪值 (106-0716)

資料來源：中正理工學院校友會

圖 2-10 第 149 天 – 陸軍官校 42 期輪值 (106-0719)

資料來源：陸軍官校 42 期同學會

圖 2-11 第 150 天—退役將官社會服務總會輪值 (106-0720)

資料來源：退役將官社會服務總會

圖 2-12 第 156 天—政戰學校復興崗 14 期校友會輪值 (106-0726)

資料來源：「復興崗正 14 期校友會」輪值八百壯士指揮部」，中華民國退伍軍
人協會，2017 年 7 月 26 日，<http://www.varoc.org.tw/vnews/
showpnews.asp?id=50>。

圖 2-13 第 158 天—政戰學校 29 期輪值 (106-0728)

資料來源：政戰學校 29 期同學會

圖 2-14 第 164 天—陸軍官校 46 期輪值 (106-0803)

資料來源：陸軍官校 46 期同學會

圖 2-15 第 165 天—海軍官校校友會輪值 (106-0804)

資料來源：海軍官校校友會

圖 2-16　第 172 天—陸軍官校 35 期輪值 (106-0811)

資料來源：陸軍官校 35 期同學會

圖 2-17　第 174 天 – 空軍校友會輪值 (106-0813)

資料來源：空軍校友會

圖 2-18　第 175 天—八一四空軍節 – 空軍校友會輪值 (106-0814)

資料來源：空軍校友會

圖 2-19　第 177 天 – 陸軍官校 42 期輪值 (106-0816)

資料來源：陸軍官校 42 期同學會

圖 2-20　第 178/179 天 – 陸軍官校 41 期輪值、43 期留影 (106-0817-0818)

資料來源：陸軍官校 41、43 期同學會

圖 2-21　第 180 天—海軍官校校友會輪值 (106-0819)

資料來源：海軍官校校友會

圖 2-22 第 186 天—空軍官校六十三期捐款贊助聲援八百壯士 (106-0825)

資料來源：空軍官校校友會

圖 2-23 第 187 天－陸軍官校 49 期輪值 (106-0826)

資料來源：陸軍官校 49 期同學會

圖 2-24　第 189 天－陸軍官校專 35 期及三軍官校專聯會輪值 (106-0828)

資料來源：陸軍官校專 35 期同學會及三軍官校專修班聯合會

圖 2-25　第 190 天—百歲將軍許歷農上將蒞臨慰勉 (106-0829)

資料來源：　「許歷農上將慰勉八百壯士指揮部」，中華民國退伍軍人協
　　　　　　會，2017 年 8 月 29 日，<http://www.varoc.org.tw/vnews/
　　　　　　showpnews.asp?id=58>。

圖 2-26 第 190 天—磐安同心、忠義同志及清風之友會輪值 (106-0829)

資料來源：磐安同心會

圖 2-27　第 193 天 – 陸軍官校 46 期輪值 (106-0901)

資料來源：陸軍官校 46 期同學會

圖 2-28　第 194 天—6973 同學聯誼會 (106-0902)

資料來源：6973 同學聯誼會

圖 3-1　第 200 天—政戰學校 22 期輪值 (106-0908)

資料來源：政戰學校校友會

圖 3-2 第 201 天—海軍官校校友會輪值 (106-0909)

資料來源：海軍官校校友會

圖 3-3 第 202 天—陸軍官校 48 期輪值 (106-0910)
陸官 48 期繆德生與 52 期程兆儀夫婦合影

資料來源：程兆儀

圖 3-4　第 203 天——國防管理學院校友會輪值 (106-0911)

資料來源：國防管理學院校友會

圖 3-5　第 208 天——颱風過後　新黨主席郁慕明至帳篷區關心　(106-0916)
郁主席與重新搭建帳棚的陸官 52 期程兆儀夫婦合影

資料來源：程兆儀

圖 3-6　第 209 天—八百指揮官吳其樑接受中評社訪問 (106-0917)

資料來源：　張嘉文，「退將吳其樑語中評：兩岸重要 勿只巴結美國」，中
　　　　　　國 評 論 新 聞 網，2017 年 9 月 19 日，<http://hk.crntt.com/
　　　　　　doc/1048/1/5/2/104815292_2.html?coluid= 93&kindid=1587
　　　　　　0&docid=104815292&mdate=0919001035>。

圖 3-7 第 210 天 – 陸軍官校專修 50 期輪值 (106-0918)

資料來源：同上

圖 3-8　第 211 天——海軍官校校友會輪值 (106-0919)

資料來源：海軍官校校友會

圖 3-9 第 212 天 – 陸軍官校 41 期輪值 (106-0920)

資料來源：陸軍官校 41 期同學會

圖 3-10 第 217 天—海軍官校 66 年班校友輪值 (106-0925)

資料來源：海軍官校校友會

圖 3-11 第 218 天－陸軍官校 43 期輪值 (106-0926)

資料來源：陸軍官校 43 期同學會

圖 3-12 第 222 天－陸軍官校 47 期輪值 (106-0930)

資料來源：陸軍官校 47 期同學會

圖 3-13　第 222/224 天－陸軍官校 47 期／政戰學校 74 年班輪值 (106-0930/1002)

資料來源：　倪鴻祥，「立院抗議團體　深藍旺、獨派冷」，中評社，2017 年 9 月 30 日，<http://happytify.cc/docN0hHd3dDNXByTVE9>；政戰學校校友會。

圖 3-14　第 223 天—曾金陵上將至帳篷區慰勉袍澤 (106-0931)

資料來源：程兆儀

圖 3-15　第 225 天—政戰學校 15 期輪值 (106-1003)

資料來源：政戰學校 22 期同學會

圖 3-16 第 231 天——政戰學校 23 期輪值 (106-1009)

資料來源：政戰學校 23 期同學會

圖 3-17 第 232 天——海軍官校校友會輪值 (106-1010)

資料來源：海軍官校校友會

圖 3-18 第 233 天—退役將官社會服務總會輪值 (106-1011)

資料來源：退役將官社會服務總會

圖 3-19 第 237 天 – 陸軍官校 43 期輪值 (106-1015)

資料來源：陸軍官校 43 期同學會

圖 3-20 第 240 天 – 海軍官校校友會輪值 (106-1018)

資料來源：海軍官校校友會

圖 3-21 第 240/241 天—海軍官校 70 年班校友捐贈「八百壯士」(106-1018/19)

資料來源：海軍官校校友會

圖 3-22 第 246 天 – 復興崗新聞系校友會理事長 –12 期林亦堂學長夫婦
捐贈八萬元予「八百壯士」(106-1024)

資料來源：程兆儀

圖 3-23 第 250 天 – 陸軍官校 49 期輪值 (106-1028)

資料來源：陸軍官校 49 期同學會

圖 3-24 第 252 天－國防管理學院校友會輪值 (106-1030)

資料來源：國防管理學院校友會

圖 3-25 第 253 天－陸軍官校 46 期輪值 (106-1031)

資料來源：陸軍官校 46 期同學會

圖 3-26 第 255 天—副指揮官吳將軍接受觀察雜誌專訪 (106-1102)

資料來源： 紀欣、陳淑英，「吳斯懷：『八百壯士』將奮戰到底」，《觀察》，12 月 號，2017 年 12 月 6 日，<http://www.observer-taipei.com/article.php?id=1786>。

圖 3-27 第 255 天 – 政戰學校 25 期輪值 (106-1102)

資料來源：政戰學校校友會

圖 3-28 第 266 天 – 政戰學校 19 期輪值 (106-1113)
夜間值勤 - 陸官 58 期張振勤（右下角）

資料來源：政戰學校校友會；八百壯士指揮部。

圖 3-29 第 267 天 – 國民黨洪前主席至帳篷區聲援 – 陸官 40 期輪值 (106-1114)

資料來源：　「洪秀柱聲援八百壯士　現場退伍軍人熱烈歡迎」，中評社，2017
　　　　　年 11 月 14 日，<https://read01.com/dExaMxO.html#.XCO3-
　　　　　vZuLcs>。

圖 3-30 第 272 天—陸軍官校 47 期輪值 (106-1119)

資料來源：陸軍官校 47 期同學會

圖 3-31 第 274 天—政戰學校 15 期學長輪值 (106-1121)

資料來源：八百壯士指揮部

圖 3-32　第 275 天－退役將官社會服務總會輪值　(106-1122)

資料來源：退役將官社會服務總會

圖 3-33 第 278 天——陸軍官校 45 期輪值 (106-1125)

資料來源：陸軍官校 45 期同學會

圖 3-34 第 283 天——陸軍官校 38 期輪值 (106-1130)

資料來源：陸軍官校 38 期同學會

圖 3-35 第 287 天——復興崗校友合唱團 - 政戰學校 29 期共同輪值 (106-1204)

資料來源：政戰學校校友會

圖 3-36　第 290 天 – 副指揮官吳斯懷將軍發表談話 (106-1207)

資料來源：八百壯士指揮部

圖 3-37 第 293 天 – 海軍官校 70 年班輪值 (106-1210)

資料來源：海軍官校校友會

圖 3-38 第 295 天－陸軍官校專修 35 期輪值 (106-1212)

資料來源：陸軍官校專修 35 期同學會

圖 3-39 第 296 天－退役將官社會服務總會輪值 (106-1213)

資料來源：退役將官社會服務總會

圖 3-40　第 297 天 –- 八百壯士指揮部舉行記者會 (106-1214)

資料來源：程兆儀

圖 3-41　第 297 天 –- 政戰學校 22 期輪值 (106-1214)

資料來源：政戰學校校友會

圖 3-42 第 299 天 –- 陸軍官校 49 期輪值 (106-1216)

資料來源：陸軍官校 49 期同學會

【附件三】照片集錦 3.3

那 485 天 我們一起埋鍋造飯的日子 (300-399)

圖 4-1　第 300 天 – 八百壯士提前慶祝行憲紀念日 (106-1217)

資料來源：退役將官社會服務總會；陸軍官校 48 期同學會。

圖 4-2 第 301 天 – 陸軍官校 47 期輪值 (106-1218)

資料來源：陸軍官校 47 期同學會

圖 4-3 第 302 天 – 陸官 45 期王鏡如及 52 期魏志明擔任夜間輪值 (106-1219)

資料來源：八百壯士指揮部

圖 4-4 第 304/306 天－繆德生留影／陸軍官校 45 期輪值 (106-1221/1223)

資料來源： 蕭雅娟，「反年改突襲衝進立法院 退役上校攀爬建築墜地重傷命危！」，聯合新聞網，2018 年 2 月 27 日，<https://udn.com/news/story/11633/3002028?from=udn-referralnews_ch2artbottom>；陸軍官校 45 期同學會。

圖 4-5 第 308 天──政戰學校 24 期輪值 (106-1225)

資料來源：政戰學校 24 期同學會

圖 4-6 第 310 天——陸軍官校 38 期輪值 (106-1227)

資料來源：陸軍官校 38 期同學會

圖 4-7 第 314 天——陸軍官校 46 期輪值 (106-1231)

資料來源：陸軍官校 46 期同學會

圖 4-8 第 316 天——軍警院校 74 年班輪值 (107-0102)

資料來源：政戰學校校友會

圖 4-9 第 317 天——陸軍官校 51 期輪值 (107-0103)

資料來源：陸軍官校 51 期同學會

圖 4-10 第 318 天—陸軍官校 44 期輪值 (107-0104)

資料來源：陸軍官校 44 期同學會

圖 4-11 第 320 天—空軍官校校友會輪值 (107-0106)

資料來源：空軍官校校友會

圖 4-12 第 322 天—政戰學校 23 期輪值 (107-0108)

資料來源：政戰學校 23 期同學會

圖 4-13 第 322 天—藍天行動聯盟武理事長率幹部慰問輪值人員 (107-0108)

資料來源：政戰學校 23 期同學會

圖 4-14 第 324 天－陸軍官校 52 期輪值
春寒料峭 同學及眷屬探視夜班輪值人員 (107-0110)

資料來源：陸軍官校 52 期同學會

圖 4-15 第 325 天—政戰學校 21 期輪值 (107-0111)

資料來源：政戰學校校友會

圖 4-16 第 329 天—政戰學校 22 期輪值 (107-0115)

資料來源：政戰學校校友會

圖 4-17 第 331 天 – 退役將官社會服務總會輪值 (107-0117)

資料來源：退役將官社會服務總會

圖 4-18 第 336 天－陸軍官校 43 期輪值 (107-0122)

資料來源：陸軍官校 43 期同學會

圖 4-19 第 338 天－陸軍官校 42 期輪值 (107-0124)

資料來源：陸軍官校 42 期同學會

圖 4-20　第 339 天—陸官 47 期輪值 - 政戰 24 期會長送水果慰問 (107-0125)

資料來源：陸軍官校 47 期同學會

圖 4-21　第 344 天—中正理工學院輪值 (107-0130)

資料來源：中正理工學院校友會

圖 4-22 第 346 天──軍警院校 74 年班輪值 (107-0201)

資料來源：政戰學校校友會

圖 4-23 第 348 天──空軍校友會 - 空幼 24 期輪值 (107-0203)

資料來源：空軍校友會

圖 4-24 第 349 天 – 陸軍官校 48 期輪值 (107-0204)

資料來源：陸軍官校 48 期同學會

圖 4-25 第 350 天 – 陸軍官校 44 期輪值 (107-0205)

資料來源：陸軍官校 44 期同學會

圖 4-26 第 351 天──中正理工學院輪值 (107-0206)

資料來源：中正理工學院校友會

圖 4-27 第 352 天 – 退役將官社會服務總會輪值 (107-0207)

資料來源：退役將官社會服務總會

圖 4-28 第 357 天—空軍官校 57 期輪值 (107-0212)

資料來源：空軍官校校友會

圖 4-29 第 358 天—海軍官校 61 年班輪值 (107-0213)

資料來源：海軍官校校友會

圖 4-30　第 -360 天 - 除夕 - 陸軍官校 45 期輪值 (107-0215)

資料來源：陸軍官校 45 期同學會

圖 4-31　第 -362/363 天 – 大年初二 夏瀛洲上將慰問值班人員 (107-0217/0218)
大年初三 – 陸官 45 期王鏡如、46 期金克強及中正 44 期余克誠學長輪值

資料來源：八百壯士指揮部

圖 4-32　第 -364 天－大年初四 政戰學校 22 期輪值 (107-0219)

資料來源：政戰學校校友會

圖 4-33　第 -365 天－「八百壯士」舉行升旗暨新春團拜儀式 (107-0220)
政戰學校 23 期「八百壯士」帳篷留影

資料來源：　「總會參加『八百壯士護憲維權指揮部』新春升旗團拜」，中華民國退伍軍人協會，2018 年 2 月 20 日，<http://www.varoc.org.tw/vnews/showvnews.asp?id=166>。

圖 4-34 一週年，舉行升旗儀式 (107-0220)

資料來源：同上

圖 4-35 一週年，舉行升旗暨新春團拜儀式 (107-0220)

資料來源： 「總會參加『八百壯士護憲維權指揮部』新春升旗團拜」，中華民
國退伍軍人協會，2018 年 2 月 20 日，<http://www.varoc.org.
tw/vnews/showvnews.asp?id=166>。

圖 4-36　第 365 天──陸軍官校專科班校友會中興連留影 (107-0220)

資料來源：陸軍官校專科班校友會

圖 4-37 第 367 天－陸官 38 期輪值－旅美同學鄭寶蕃夫婦返國參加 (107-0222)

資料來源：陸軍官校 38 期同學會

圖 4-38 第 370 天──政戰學校 22 期輪值 (107-0225)

資料來源：政戰學校 22 期同學會

圖 4-39 第 371 天──6973 同學聯誼會輪值 (107-0226)

資料來源：6973 同學聯誼會

圖 4-40　第 372 天－郝前院長至「八百壯士」帳篷聲援 (107-0227)

資料來源：　謝明俊，「八百壯士突襲立院 2 傷 郝柏村到場聲援『抗議軍改』」，
中國時報，2018 年 2 月 27 日，<https://www.chinatimes.com/
realtimenews/20180227002497-260402>。

圖 4-41　第 372 天—陸軍官校 42 期輪值 (107-0227)

資料來源：陸軍官校 42 期同學會

圖 4-42　第 377 天－陸軍官校 44 期輪值 (107-0304)

資料來源：陸軍官校 44 期同學會

圖 4-43　第 378 天—海軍官校 57 年班輪值 (107-0305)

資料來源：海軍官校校友會

圖 4-44　第 378 天 – 國民黨黨務主管聲援八百壯士 (107-0305)

資料來源：　戴祺修，「國民黨務主管替繆德生祈福　高喊中華民國萬歲」，
　　　　　　今日新聞，2018 年 3 月 5 日，<https://www.nownews.com/
　　　　　　news/20180305/2710824/>。

圖 4-45　第 379 天 – 張光錦將軍代表陸官 27 期捐贈八百壯士經費 (107-0306)

資料來源：八百壯士指揮部

圖 4-46　第 380 天─陸軍官校 51 期輪值 (107-0307)

資料來源：陸軍官校 51 期同學會

圖 4-47　第 381 天─忠信聯誼會輪值 (107-0308)

資料來源：忠信聯誼會

圖 4-48　第 382 天—海軍官校專五期輪值 (107-0309)

資料來源：海軍官校校友會

圖 4-49　第 384 天—陸軍官校 48 期輪值 (107-0311)

資料來源：陸軍官校 48 期同學會

圖 4-50 第 385 天—陸軍官校 47 期輪值 (107-0312)

資料來源：陸軍官校 47 期同學會

圖 4-51 第 386 天－海軍官校 71 年班輪值 (107-0313)

資料來源：海軍官校校友會

圖 4-52　第 387 天—陸軍官校 42 期輪值 (107-0314)

資料來源：陸軍官校 42 期同學會

圖 4-53　第 389 天—6973 同學聯誼會輪值 (107-0316)

資料來源：6973 同學聯誼會

圖 4-54　第 391 天──陸軍官校 46 期輪值 (107-0318)

資料來源：陸軍官校 46 期同學會

圖 4-55　第 393 天──政戰學校 22 期輪值 (107-0320)

資料來源：政戰學校 22 期同學會

圖 4-56 第 394 天－退役將官社會服務總會輪值 (107-0321)

資料來源：退役將官社會服務總會

圖 4-57 第 395 天—陸軍官校 45 期輪值 (107-0322)

資料來源：陸軍官校 45 期同學會

圖 5-1　第 400 天──陸軍官校專 35 期輪值 (107-0327)

資料來源：　梁雁，「北市府要拆八百壯士帳棚」，中評社，2018 年 3 月 27 日，<http://hk.crntt.com/doc/1050/2/2/4/105022496. html?coluid=93&kindid=18951&docid=105022496&mda te=0327180859>。

圖 5-2 第 401 天 政戰學校 24 期輪值 (107-0328)

資料來源：政戰學校 24 期同學會

圖 5-3 第 402 天 海軍官校專科 66 年班輪值 (107-0329)

資料來源：　黃筱筠，「八百壯士拆除帳篷　退伍軍人依依不捨」，中評社，
　　　　　　2018 年 3 月 29 日，<http://hk.crntt.com/crn-webapp/touch/
　　　　　　detail.jsp?coluid=7&kindid=0&docid= 105024972>。

圖 5-4 第 402 天 - 要拆除遮風避雨 400 天的家 難免感到神傷 (107-0329)

資料來源：　黃威彬，「自己的帳篷自己拆 - 埋鍋造飯 402 天 .. 八百壯士「暫
　　　　　　時」要回家了」，信傳媒，2018 年 3 月 29 日，<https://www.
　　　　　　cmmedia.com.tw/home/articles/9226>。

圖 5-5　第 402 天 八百壯士主動拆除帳棚－中正理工學院學長留影 (107-0329)

資料來源：　「埋鍋造飯 401 天 八百壯士今自拆帳篷」，中國時報，2018 年 3
月 29 日，黃世麒攝；中正理工學院校友會。

圖 5-6　第 403 天──搭建簡易式帳篷 - 國防管理學院校友會輪值 (107-0330)

資料來源：國防管理學院校友會

圖 5-7　第 404 天—軍警院校 74 年班輪值 (107-0331)

資料來源：政戰學校校友會、程兆儀

圖 5-8　第 405 天—八百壯士指揮部志工們每天清早搭建帳篷 (107-0401)

資料來源：程兆儀

圖 5-9 第 406 天——退役將官社會服務總會輪值 (107-0402)

資料來源：退役將官社會服務總會

圖 5-10 第 408 天——陸軍官校 32 期輪值 (107-0404)

資料來源：程兆儀

圖 5-11　第 409 天——海軍官校 61 年班輪值 (107-0405)

資料來源：海軍官校校友會

圖 5-12　第 410/411 天——中正理工學院 44 期 / 陸軍官校 45 期輪值 (107-0406/07)

資料來源：中正理工學院校友會、陸軍官校 45 期同學會

圖 5-13 第 416 天—陸軍官校 41 期輪值 (107-0412)

資料來源：陸軍官校 41 期同學會

圖 5-14 第 418 天—空軍校友會輪值 (107-0414)
夏瀛洲上將至帳篷慰勉

資料來源：空軍校友會、程兆儀

圖 5-15 第 419 天──政戰學校 22 期輪值 (107-0415)

資料來源：政戰學校 22 期同學會

圖 5-16 第 421 天──政戰學校 23 期輪值 (107-0417)
陳鎮湘上將至帳篷慰勉

資料來源：政戰學校 23 期同學會

圖 5-17 第 422 天—陸軍官校 49 期輪值 (107-0418)

資料來源：陸軍官校 49 期同學會

圖 5-18 第 423 天－陸軍官校 46 期輪值 (107-0419)

資料來源：陸軍官校 46 期同學會

圖 5-19 第 424 天—空軍官校 57 期輪值 (107-0420)

資料來源：空軍校友會

圖 5-20 第 424 天 – 海軍官校 59 年班留影 (107-0420)

資料來源：海軍官校校友會

圖 5-21 第 427 天 – 義務律師李漢中博士與副指揮官留影 (107-0423)

資料來源：陸軍官校 47 期同學會

圖 5-22 第 429 天 – 陸軍官校 52 期、政戰學校 29 期同學留影 (107-0425)

資料來源：政戰學校 29 期同學會

圖 5-23 第 433 天－軍警院校 74 年班輪值 - 政戰 31 期木蘭隊 (107-0429)

資料來源：政戰學校校友會

圖 5-24 第 434 天—海家班留影 (107-0430)

資料來源：海軍官校校友會

圖 5-25 第 434 天—旅居海外僑胞返國聲援八百壯士 (107-0430)

資料來源：政戰學校 22 期同學會

圖 5-26 第 434 天－政戰 22 期學長夫人代表退軍向勇士們獻花聲援 (107-0430)

資料來源：政戰學校 22 期同學會

圖 5-27　第 436 天—退役將官社會服務總會輪值 (107-0502)

資料來源：退役將官社會服務總會

圖 5-28 第 437 天—中正理工學院專八甲機械科輪值 (107-0503)

資料來源：中正理工學院校友會

圖 5-29 第 440 天－陸軍官校 44 期輪值 (107-0506)

資料來源：陸軍官校 44 期同學會

圖 5-30 第 441 天—中正理工學院 63 年班輪值 (107-0507)

資料來源：中正理工學院校友會

圖 5-31 第 443 天——政戰學校 22 期程澎澎學姊留影 (107-0509)

資料來源：陸軍官校 47 期同學會

圖 5-32 第 444 天——八百壯士幹部赴中正一分局說明訊前留影 (107-0510)

資料來源：政戰學校校友會。

圖 5-33　第 462 天──政戰學校 22 期輪值返原帳篷區緬懷 (107-0528)

資料來源：政戰學校 22 期同學會

圖 5-34　第 476 天 - 立法院加開臨時會審查「陸海空軍軍官士官服役條例」草
　　　　案
政戰 15 期曾德堂學長 (右) 告示牌前留影 (107-0611)

資料來源：　陳聖文，「吳斯懷：這不是謙卑的政府」，聯合新聞網，2018 年
　　　　　　6 月 11 日，< https://udn.com/news/story/10930/3192318>。

圖 5-35　第 476 天—陸軍官校 38 期留影 (107-0611)

資料來源：陸軍官校 38 期同學會

圖 5-36　第 477 天—空軍官校校友會輪值 (107-0612)

資料來源：空軍官校校友會

圖 5-37 第 477 天 – 中正理工學院留影 (107-0612)

資料來源：中正理工學院校友會

圖 5-38 第 479 天—陸軍官校 44 期留影 (107-0614)

資料來源：陸軍官校 44 期同學會

圖 5-39　第 480 天—忠信聯誼會輪值 (107-0615)

資料來源：忠信聯誼會

圖 5-40　第 480 天—政戰學校 22 期留影 (107-0615)

資料來源：政戰學校 22 期同學會

圖 5-41 第 482 天 - 最後一哩路 —6973 同學聯誼會輪值 (107-0617)

資料來源：6973 同學聯誼會

圖 5-42 第 483 天 - 最後一哩路 - 海軍官校校友會留影 (107-0618)

資料來源：海軍官校校友會

圖 5-43 第 484 天 - 最後一哩路 - 退伍軍人協會留影 (107-0619)

資料來源：「軍改拚三讀 八百壯士下午遊行表達訴求」，中央通訊社，2018
　　　　　年 6 月 19 日，游凱翔攝。

圖 5-44 第 484 天 - 中正理工學院及陸軍官校 46 期留影 (107-0619)

資料來源：中正理工學院校友會、陸軍官校 46 期同學會

圖 5-45 堅持最後一哩路－退役將官社會服務總會留影 (107-0620)

資料來源：退役將官社會服務總會

圖 5-46 堅持最後一哩路－指揮官與斷指英雄陳咸嶽夫婦 (陸官 47 期) 合影

資料來源：陸軍官校 47 期同學會

圖 5-47　堅持最後一哩路－海家班留影 (107-0620)

資料來源：海軍官校校友會

圖 5-48　堅持最後一哩路－陸軍官校 38 期留影 (107-0620)

資料來源：陸軍官校 38 期同學會

圖 5-49 堅持最後一哩路－陸軍官校 42 期留影 (107-0620)

資料來源：陸軍官校 42 期同學會

圖 5-50 堅持最後一哩路－陸軍官校 43 期留影 (107-0620)

資料來源：　黃義書，「年改通過八百壯士不會離開，成立八百壯士捍衛中華協會」，聯合影音網，2018 年 6 月 20 日，<https://video.udn.com/news/895844>。

圖 5-51　堅持最後一哩路－陸軍官校 44 期留影 (107-0620)

資料來源：陸軍官校 44 期同學會

圖 5-52　堅持最後一哩路－政戰學校 22 及 23 期留影 (107-0620)

資料來源：政戰學校校友會

圖 5-53　堅持最後一哩路－陸軍官校 46 期留影 (107-0620)

資料來源：陸軍官校 46 期同學會

圖 5-5　堅持最後一哩路－陸軍官校 47 期留影 (107-0620)

資料來源：陸軍官校 47 期同學會

圖 5-55　堅持最後一哩路－陸軍官校 49 期留影 (107-0620)

資料來源：陸軍官校 49 期同學會

圖 5-56　堅持最後一哩路－陸軍官校 50 期留影 (107-0620)

資料來源：陸軍官校 50 期同學會

圖 5-57　堅持到最後一刻 –6973 同學聯誼會留影 (107-0620)

資料來源：6973 同學聯誼會

圖 5-58　堅持最後一哩路 – 陸軍官校專 35 期留影 (107-0620)

資料來源：陸軍官校專 35 期同學會

圖 5-59　堅持到最後一刻─空軍官校 57 期及海軍官校學長留影 (107-0620)

資料來源：空軍官校校友會、海軍官校校友會

圖 5-60　國民黨立法委員賴士葆等向立法院外八百壯士致意 (107-0620)

資料來源：「軍改案拚三讀 藍委向立院外八百壯士致意」，中央社，107 年 6
　　　　　月 20 日，吳翊寧攝。

圖 5-61　八百志工幹部向大家揮手告別 485 天立法院埋鍋造飯生涯 (107-0620)

資料來源：「軍人年改三讀 八百壯士：遍地開花監督政府」，中央社，2018
年 6 月 21 日，顧荃攝。

【附件三】照片集錦 3-3

八百壯士埋鍋造飯帳棚輪值表

106 年 0220-0402 輪值表

年金改革軍系動員令「八百壯士捍衛權益」輪值表						
星期一	星期二	星期三	星期四	星期五	星期六	星期日
0220 日	0221 日	0222 日	0223 日	0224 日	0225 日	0226 日
準備日	陸官 52 期	陸官 43 期	陸官 48 期	陸官 50 期	忠 義 會 磐安同心會 清風之友會	陸官 45 期
0227 日	0228 日	0301 日	0302 日	0303 日	0304 日	0305 日
政戰 26 期	政戰 28 期 退將總會	陸官專 35 期	陸官 60 期 陸官 38 期	陸官 51 期	軍校 74 年班 軍校 73 年班	陸官 44 期
0306 日	0307 日	0308 日	0309 日	0310 日	0311 日	0312 日
中正理工(1)	中正理工 (2)	忠信聯誼會 時代花木蘭	陸官 55 期	陸官四橋會 陸官 37 期	陸官 49 期	陸官 47 期
0313 日	0314 日	0315 日	0316 日	0317 日	0318 日	0319 日
海軍官校(1)	海軍官校 (2)	國管院	空軍官校 (1)	空軍官校(2)	陸官 40 期 北學產(教)	陸官 46 期 陸官 58 期
0320 日	0321 日	0322 日	0323 日	0324 日	0325 日	0326 日
陸官 42 期 陸官 39 期	陸官 41 期	政戰專科班	陸官 43 期	陸官 47 期	陸官 55 期、全國 公務人員協會	6973 聯誼 會
0327 日	0328 日	0329 日	0330 日	0331 日	0401 日	0402 日
政戰 22 期 陸官 45 期	中正理工	陸官 52 期 政戰 29 期	陸官 41 期 退將總會	陸官專 35 期 專修班各期	軍警 74 年班 陸官 44 期	中正預校 校友會

106 年 0403-0507 輪值表

年金改革軍系動員令「八百壯士捍衛權益」輪值表						
星期一	星期二	星期三	星期四	星期五	星期六	星期日
0403 日	0404 日	0405 日	0406 日	0407 日	0408 日	0409 日
陸官 52 期	支援組	6973 聯誼會	政戰學校校友會	北市全教產	陸官 50 期	陸官 51 期
0410 日	0411 日	0412 日	0413 日	0414 日	0415 日	0416 日
陸官 50 期	陸官 50 期	6973 聯誼會	陸官 52 期	陸官 56 期	陸官 45 期	陸官專修聯合會
0417 日	0418 日	0419 日	0420 日	0421 日	0422 日	0423 日
陸官 34 期	陸官 47 期	憲兵學校校友會	陸官 52 期	忠信聯誼會	陸官 45 期	海軍官校校友會
0424 日	0425 日	0426 日	0427 日	0428 日	0429 日	0430 日
中正預校全國校友會	陸官 47 期	6973 聯誼會	憲警院校74 年班	政戰 22 期	陸官 45 期	6973 聯誼會
0501 日	0502 日	0503 日	0504 日	0505 日	0506 日	0507 日
陸官 43 期	陸官 58 期	陸官 51 期	憲警院校74 年班	陸官專修 33 期	陸官 57 期	陸官 44 期

106 年 0508-0611 輪值表

年金改革軍系動員令「八百壯士捍衛權益」輪值表						
星期一	星期二	星期三	星期四	星期五	星期六	星期日
0508 日	0509 日	0510 日	0511 日	0512 日	0513 日	0514 日
陸官 45 期	陸官 38 期	陸官 55 期	陸官 55 期	陸官 55 期	空軍校友會	空軍校友會
0515 日	0516 日	0517 日	0518 日	0519 日	0520 日	0521 日
中正預校全國校友會	陸官 43 期	陸官 46 期	陸官 48 期	忠信聯誼會	陸官 49 期	憲警院校74 年班
0522 日	0523 日	0524 日	0525 日	0526 日	0527 日	0528 日
國管院校友會	陸官 43 期	陸官 46 期	陸官 42 期	警安同心會	陸官 49 期	陸官 56 期
0529 日	0530 日	0531 日	0601 日	0602 日	0603 日	0604 日
陸官專修 35 期	憲警院校74 年班	陸官 46 期	陸官 47 期	警安同心會	中正理工專75 年班	陸官 56 期
0605 日	0606 日	0607 日	0608 日	0609 日	0610 日	0611 日
陸官 39 期	陸官 42 期	陸官 57 期	憲警院校74 年班	陸官 34 期	空軍校友會	空軍校友會

106 年 0612-0723 輪值表

年金改革軍系動員令「八百壯士捍衛權益」第四階段輪值表						
星期一	星期二	星期三	星期四	星期五	星期六	星期日
0612 日	0613 日	0614 日	0615 日	0616 日	0617 日	0618 日
陸官 52 期	陸官 52 期	陸官 52 期	陸官 52 期	陸官 45 期	陸官 41 期（不含夜班）	陸官 33 期（不含夜班）
0619 日	0620 日	0621 日	0622 日	0623 日	0624 日	0625 日
陸官 38 期（不含夜班）	陸官 40 期（不含夜班）	退將總會（不含夜班）	陸官 32 期（不含夜班）	虎嘯俱樂部	陸官 56 期	陸官 56 期
0626 日	0627 日	0628 日	0629 日	0630 日	0701 日	0702 日
陸官 43 期（不含夜班）	海軍官校 63 年班	憲兵校友會	陸官 55 期	陸官 55 期	單警院校 74 年班	中正理工 44 期
0703 日	0704 日	0705 日	0706 日	0707 日	0708 日	0709 日
海軍官校 68 年班	陸官 46 期	陸官 46 期	陸官 46 期	陸官 44 期（不含夜班）	陸官 44 期（不含夜班）	陸官 44 期（不含夜班）
0710 日	0711 日	0712 日	0713 日	0714 日	0715 日	0716 日
陸官 47 期（不含夜班）	陸官 47 期（不含夜班）	陸官 47 期（不含夜班）	單警院校 74 年班	忠信聯誼會	陸官 45 期	中正理工 專 75 年班
0717 日	0718 日	0719 日	0720 日	0721 日	0722 日	0723 日
6973 聯誼會	6973 聯誼會	陸官 42 期（不含夜班）	退將總會（不含夜班）	陸官 50 期	陸官 50 期	陸官 50 期

106 年 0724-0831 輪值表

年金改革軍系動員令「八百壯士捍衛權益」第四階段輪值表						
星期一	星期二	星期三	星期四	星期五	星期六	星期日
0724 日	0725 日	0726 日	0727 日	0728 日	0729 日	0730 日
陸官 43 期（不含夜班）	陸官 43 期（不含夜班）	復興崗 14 期（不含夜班）	單警院校 74 年班	陸官 55 期	陸官 55 期	陸官 35 期（不含夜班）
0731 日	0801 日	0802 日	0803 日	0804 日	0805 日	0806 日
陸官 34 期（不含夜班）	政戰 29 期	政戰 22 期	陸官 46 期	海軍官校 專科 66 年班	陸官 56 期	陸官 56 期
0807 日	0808 日	0809 日	0810 日	0811 日	0812 日	0813 日
陸官 48 期	陸官 48 期	陸官 48 期	單警院校 74 年班	陸官 51 期	陸官 45 期	空軍校友會
0814 日	0815 日	0816 日	0817 日	0818 日	0819 日	0820 日
空軍校友會	磐安同心會（不含夜班）	陸官 42 期（不含夜班）	陸官 41 期（不含夜班）	忠信聯誼會	海軍官校 65 年班	陸官 36 期（不含夜班）
0821 日	0822 日	0823 日	0824 日	0825 日	0826 日	0827 日
陸官 51 期	6973 聯誼會	退將總會（不含夜班）	單警院校 74 年班	陸官 49 期	陸官 49 期	陸官 49 期
0828 日	0829 日	0830 日	0831 日			
專修 35 期	磐安同心會（不含夜班）	陸官 34 期（不含夜班）	陸官 39 期（不含夜班）			

106 年 9 月輪值表

「八百壯士捍衛權益」第五階段9月份輪值表

星期一	星期二	星期三	星期四	星期五	星期六	星期日
				0901日	0902日	0903日
				陸官46期	6973聯誼會	陸官50期
0904日	0905日	0906日	0907日	0908日	0909日	0910日
陸官49期	陸官52期	陸官51期	憲兵校友會	政戰22期	海官校友會	陸官48期
0911日	0912日	0913日	0914日	0915日	0916日	0917日
國管院校友會	陸官42期	陸官46期	退將總會	陸官43期	陸官56期	陸官44期
0918日	0919日	0920日	0921日	0922日	0923日	0924日
陸官專修50期	海官校友會	陸官41期	陸官四褔會	忠信聯誼會	陸官45期	陸官46期
0925日	0926日	0927日	0928日	0929日	0930日	
海官校友會	陸官43期	陸官43期	國管院校友會	中正理工專10期	陸官47期	

106 年 10 月輪值表

「八百壯士捍衛權益」第五階段10月份輪值表

星期一	星期二	星期三	星期四	星期五	星期六	星期日
						1001日
						中正預校第一期
1002日	1003日	1004日	1005日	1006日	1007日	1008日
74年班（政）	政戰15期	陸官34期	陸官36期	陸官46期	陸官48期	空軍校友會
1009日	1010日	1011日	1012日	1013日	1014日	1015日
政戰23期	海軍校友會	退將總會	陸官42期	政戰30期	陸官45期	陸官43期
1016日	1017日	1018日	1019日	1020日	1021日	1022日
陸官51期	陸官40期	海軍校友會	陸官46期	陸官39期	陸官56期	陸官專修35期
1023日	1024日	1025日	1026日	1027日	1028日	1029日
陸官47期	陸官52期	陸官33期	6973聯誼會	忠信聯誼會	陸官49期	陸官44期
1030日	1031日					
國管院校友會	陸官46期					

106 年 11 月輪值表

			「八百壯士捍衛權益」第五階段11月份輪值表			
星期一	星期二	星期三	星期四	星期五	星期六	星期日
		1101日	1102日	1103日	1104日	1105日
		陸官34期	政戰25期	陸官55期	陸官49期	空軍校友會
1106日	1107日	1108日	1109日	1110日	1111日	1112日
陸官專修43期	陸官46期	陸官41期	陸官42期	政戰30期	陸官48期	政戰31期
1113日	1114日	1115日	1116日	1117日	1118日	1119日
政戰19期	陸官40期	陸官43期	6973聯誼會	陸官55期	陸軍專科(士校)校友會	陸官47期
1120日	1121日	1122日	1123日	1124日	1125日	1126日
國管院校友會	政戰15期	退將總會	政戰25期	忠信聯誼會	陸官45期	陸官44期
1127日	1128日	1129日	1130日			
陸官57期	陸官52期	陸官37期	陸官38期			

106 年 12 月輪值表

			「八百壯士捍衛權益」第五階段12月份輪值表			
星期一	星期二	星期三	星期四	星期五	星期六	星期日
				1201日	1202日	1203日
				陸官51期	中正理工44期	政戰17期
1204日	1205日	1206日	1207日	1208日	1209日	1210日
政戰29期復興崗校友合唱團	陸軍專科(士校)校友會	陸官42期	政戰26期	6973聯誼會	陸官56期	海官校友會
1211日	1212日	1213日	1214日	1215日	1216日	1217日
國管院校友會	陸官專修35期	退將總會	政戰22期	陸官39期	陸官49期	陸官48期
1218日	1219日	1220日	1221日	1222日	1223日	1224日
陸官47期	陸官40期	陸官52期	陸官36期	忠信聯誼會	陸官45期	陸官44期
1225日	1226日	1227日	1228日	1229日	1230日	1231日
政戰24期	陸官57期	陸官38期	陸官50期	陸官50期	政戰18期	陸官46期

107 年 1 月輪值表

「八百壯士捍衛權益」第六階段1月份輪值表						
星期一	星期二	星期三	星期四	星期五	星期六	星期日
0101日	0102日	0103日	0104日	0105日	0106日	0107日
陸官專修43期	軍警院校74年班	陸官51期	陸官44期	陸官58期	空軍校友會	陸官50期
0108日	0109日	0110日	0111日	0112日	0113日	0114日
政戰23期	陸官41期	陸官52期	政戰21期	忠信聯誼會	陸官56期	陸官48期
0115日	0116日	0117日	0118日	0119日	0120日	0121日
政戰22期	陸官46期	退將總會	磐安同心會	陸官55期	陸官57期	陸官49期
0122日	0123日	0124日	0125日	0126日	0127日	0128日
陸官43期	6973聯誼會	陸官42期	陸官47期	陸官45期	國管院校友會	中正理工校友會
0129日	0130日	0131日				
中正理工63年班	陸官31期 陸官32期	陸官專修35期				

107 年 2 月輪值表

「八百壯士捍衛權益」第六階段2月份輪值表						0125公佈版
星期一	星期二	星期三	星期四	星期五	星期六	星期日
			0201日	0202日	0203日	0204日
			軍警院校74年班	陸官46期	空軍校友會	陸官48期
0205日	0206日	0207日	0208日	0209日	0210日	0211日
陸官44期	中正理工33期 62年班	退將總會	海官70年班	陸官49期	陸官56期	陸官39期
0212日	0213日	0214日	0215日（除夕）	0216日（初一）	0217日（初二）	0218日（初三）
空官57期	海官61年班	王冠中（陸官52期）張竹烏（陸官52期）	王鏡如（陸官45期）戈先麟（陸官45期）	專修35期	汪鴎屏（陸官60期）戴瞵玉（政戰37期）	王鏡如（陸官45期）金克強（陸官46期）余克誠（中正44期）
0219日（初四）	0220日	0221日	0222日	0223日	0224日	0225日
趙煒林（政戰22期）朱澤信（政戰22期）	陸官52期	陸官43期	陸官38期	磐安同心會	陸官45期	政戰22期
0226日	0227日	0228日				
6973聯誼會	陸官42期	陸官33期				

107 年 3 月輪值表

星期一	星期二	星期三	星期四	星期五	星期六	星期日
			0301日	0302日	0303日	0304日
			中正理工專10期	政戰29期	空軍校友會	陸官44期
0305日	0306日	0307日	0308日	0309日	0310日	0311日
海官57年班	陸官41期	陸官51期	忠信聯誼會	海官專5期	陸官56期	陸官48期
0312日	0313日	0314日	0315日	0316日	0317日	0318日
陸官47期	海官71年班	陸官42期	國防大學戰研所91～96年班	6973聯誼會	陸官49期	陸官46期
0319日	0320日	0321日	0322日	0323日	0324日	0325日
陸官34期	政戰22期	退將總會	陸官43期	陸官55期	陸官45期	陸官52期
0326日	0327日	0328日	0329日	0330日	0331日	
陸官50期	陸官專修35期	政戰24期	海官專科66年班	國管院校友會	軍警院校74年班	

「八百壯士護憲維權指揮部」第六階段3月份輪值表

107 年 4 月輪值表

星期一	星期二	星期三	星期四	星期五	星期六	星期日
						0401日
						陸官44期
0402日	0403日	0404日	0405日	0406日	0407日	0408日
退將總會	陸官31期 陸官專修35期	陸官32期	海官61年班	中正理工44期	慧安同心會 忠義同志會 清風之友會	陸官57期
0409日	0410日	0411日	0412日	0413日	0414日	0415日
陸官52期	陸官54期	海官67年班	陸官41期	忠信聯誼會	空軍校友會	政戰22期
0416日	0417日	0418日	0419日	0420日	0421日	0422日
陸官45期	政戰23期	陸官49期	陸官46期	空官57期	陸官56期	憲兵校友會
0423日	0424日	0425日	0426日	0427日	0428日	0429日
陸官43期	陸官42期	陸官36期	陸官47期	陸官48期	6973同學聯誼會	軍警院校74年班
0430日						
管院校友會						

「八百壯士捍衛權益」第七階段4月份輪值表　0325版

107 年 5 月輪值表

「八百壯士捍衛權益」第七階段5月份輪值表　0313版

星期一	星期二	星期三	星期四	星期五	星期六	星期日
	0501日	0502日	0503日	0504日	0505日	0506日
	磐安同心會 忠義同志會 清風之友會	退將總會	中正理工專 八甲機械科	陸官54期	陸官56期	陸官44期
0507	0508日	0509日	0510日	0511日	0512日	0513日
中正理工 63年班	陸官52期	陸官59期	陸官41期	忠信聯誼會	空軍校友會	陸官39期
0514日	0515日	0516日	0517日	0518日	0519日	0520日
海官73年班	陸官33期	陸官49期	陸官46期	陸官55期	陸官50期	陸官50期
0521日	0522日	0523日	0524日	0525日	0526日	0527日
陸官45期	陸官43期	陸官42期	陸官40期	6973同學聯誼會	政戰17期	軍警院校74年班
0528日	0529日	0530日	0531日			
政戰22期	政戰29期	政戰16期	管院校友會			

107 年 6 月輪值表

「八百壯士捍衛權益」第七階段6月份輪值表　0313版

星期一	星期二	星期三	星期四	星期五	星期六	星期日
				0601日	0602日	0603日
				陸官37期	陸官56期	陸官44期
0604日	0605日	0606日	0607日	0608日	0609日	0610日
中正理工 63年班	陸官38期	退將總會	陸官47期	陸官54期	空軍校友會	陸官39期
0611日	0612日	0613日	0614日	0615日	0616日	0617日
陸官40期	空官校友會	陸官34期	陸官52期	忠信聯誼會	陸官45期	6973同學聯誼會
0618日	0619日	0620日	0621日	0622日	0623日	0624日
陸官專修 43期	陸官43期	陸官42期	陸官46期	陸官48期	陸官57期	軍警院校74年班
0625日	0626日	0627日	0628日	0629日	0630	
國防大學 戰研所	政戰22期	陸官49期	管院校友會	陸官55期	6973同學聯誼會	

【附件四】

解釋憲法聲請書

壹、案由：

　　本院委員○○○等○○人，為本院於民國 107 年 6 月 20 日修正通過之「陸海空軍軍官士官服役條例」（以下簡稱「系爭規定」），已嚴重侵害憲法保障人民之財產權、工作權及生存權等權利，其適用亦有違反憲法上之法律不溯既往、信賴保護原則及比例原則等情事，產生牴觸憲法與適用上之疑義。爰依大法官審理案件法第 5 條第 1 項第 3 款規定，以立法委員現有總額三分之一以上之聲請，陳請解釋，且為避免造成憲法基本原則及憲法保障人民法益不可回復之重大損害，懇請　司法院在做出解釋之前，依釋字第 585 號、第 599 號、第 633 號等解釋意旨，併對系爭規定相關爭議條文（詳如後述）為停止適用之暫時處分。

貳、説明：

一、聲請解釋憲法之目的

　　緣本院民國 107 年 6 月 20 日三讀通過，並於民國 107 年 6 月 21 日經總統華總一義字第 10700068321 號令公布之修正「陸海空軍軍官士官服役條例」，其第 3 條、第 26 條、第 29 條、第 34 條、第 46 條、第 47 條、第 54 條等規定，變更軍官、士官退除給與計算基礎，削減退除給與優惠存款利息，限制退除役人員就任或再任而予停俸，刪減優惠存款利息做為給付財源，並溯及適用退除役人員，已嚴重侵害各該被規範對象之財產權、工作權及生存權等憲法所保障權利，且違反法律不溯既往、信賴保護原則、比例原則等憲法基本原則，俱已牴觸憲法，故有聲請解釋必要。

二、爭議之性質與涉及之憲法條文、司法院解釋

（一）聲請解釋之依據

　　本件解釋憲法之聲請，係依據司法院大法官審理案件法第 5 條第 1 項第 3 款：「依立法委員現有總額三分之一以上之聲請，就其行使職權，適用憲法發生疑義，或適用法律發生有牴觸憲法之疑義者。」

（二）系爭規定牴觸憲法之處

1.　政府空言退撫基金缺口日益擴大，造成國家財政重大負擔，而違法違憲修正系爭規定，其立法欠缺必要性與正當性，濫用行政權與立法權，違背憲法上之信賴保護原則及比例原則。

2.　系爭規定第 3 條、第 26 條、第 46 條等規定，變更軍、士官退除給與計算基礎，削減退除給與優惠存款利息，已侵害依法令退除役人員退除給與請求之權利，違反憲法第 15 條保障人民財產權，以及司法院大法官釋字第 187 號、第 575 號、第 605 號、第 658 號、第 717 號等解釋之意旨。

3.　系爭規定第 3 條、第 26 條等規定，變更軍、士官退除給與條件，減少退休給與措施，溯及適用退除役人員，以及第 29 條提高基金撥繳費用基準，第 34 條支領退休俸或瞻養金之軍官、士官，就任或再任私立大學專任教師停發俸金，均已侵害人民財產及從事工作並選擇職業之自由，違反憲法第 15 條保障人民財產權、工作權，以及司法院釋字第 404 號、第 510 號、

第 584 號、第 612 號、第 634 號、第 637 號、第 702 號等解釋之意旨。

4. 系爭規定第 26 條及第 46 條規定，退除役人員退休俸之給與，不得低於少尉一級本俸加專業加給合計數額之最低保障金額，但原支領金額低於少尉一級本俸加專業加給合計數額之最低保障金額者，按原支領金額支給。竟不予溯及既往補足其差額至給付基準之最低保障金額，顯然未履行國家對退除役人員有給予退除給與維持其生活之義務，已違反憲法第 15 條保障人民生存權及第 18 條服公職之權利，以及司法院大法官釋字第 280 號、第 575 號、第 605 號、第 658 號等解釋之意旨。

5. 系爭規定第 26 條、第 46 條、第 47 條等規定，逐年調降修法前後退除給與之差額，顯將系爭規定適用於退除役人員，減少其退除所得，乃將新訂生效之法規，適用於法規生效前「已終結事實」，違反法律不溯既往原則，以及司法院大法官釋字第 577 號解釋之意旨。

6. 系爭規定第 3 條、第 26 條、第 46 條、第 54 條等規定，變更軍、士官退除給與計算基礎，削減退除給與優惠存款利息，降低退除給與基準，刪減優惠存款利息做為給付財源，並溯及適用於退除役人員，侵害人民之信賴利益，已違反法安定性與信賴保護原則，以及司法院大法官釋字第 379 號、第 472 號、第 525 號、第 529 號、第 577 號、第 589 號、第 605 號、第 620 號、第 717 號等解釋之意旨。

7. 系爭規定第 46 條逐年調降退除役人員退除給與優惠存款利率，不僅調降年限過短，已違反比例原則，以及司法院大法官釋字第 445 號、第 580 號、第 588 號、第 642 號、第 673 號、第 702 號、第 716 號、第 717 號等解釋之意旨。

三、聲請解釋憲法之理由及對本案所持立場及見解

按軍人係武職公務員，國家對其負有照護義務，俾使其得戮力以赴執行捍衛國家社會之任務。然政府卻罔顧憲法增修條文第 10 條第 9 項規定及憲法上各重要原則規定，修正「陸海空軍軍官士官服役條例」，悖離國家應有責任，侵害

人民權益，而有以下違憲之處：

（一）**違悖信賴保護原則及比例原則**（內容略）

（二）**侵害人民財產權**（內容略）

（三）**侵害人民工作權**（內容略）

（四）**悖離人性尊嚴與國家生存照顧義務**（內容略）

（五）**違反法律不溯既往原則**（內容略）

（六）**針對性修法有違法律平等原則與比例原則**（內容
略）

肆、聲請暫時處分

一、 按保全制度屬司法權之核心機能，釋憲權之行使應避
免解釋結 果縱有利於聲請人，卻因時間經過等因素
而不具實益之情形發生。是為確保司法解釋或裁判結
果實效性之保全制度，乃司法權核心機能之一，不因
憲法解釋、審判或民事、刑事、行政訴訟之審判而有
異。司法院大法官行使釋憲權時，如因系爭憲法疑義
或爭議狀態之持續、爭議法令之適用或原因案件裁

判之執行，可能對人民基本權利或憲法基本原則造成不可回復或難以回復之重大損害，而對損害之防止事實上具急迫必要性，且別無其他手段可資防免其損害時，即得權衡作成暫時處分之利弊，若做成暫時處分顯然利大於弊時，自可依聲請人之聲請，於本案解釋前做成暫時處分以定暫時狀態，業經　司法院大法官釋字第 585 號、第 599 號等解釋在案。

二、　查釋憲程序中之「暫時處分」，乃附隨於憲法解釋之暫時權利保護（vorläufiger Rechtsschutz），其具有「確保本案判決」（Sicherungsfunktion）、「分配與降低錯誤判決風險」(Verteilung und Minimierung des Fehlentscheidungsrisikos)、「暫時滿足功能」(interimistische Befriedigungsfunktion) 等作用。系爭規定變更軍官、士官退除給與計算基礎，削減退除給與優惠存款利息，降低退除給與基準，已嚴重侵害憲法第 15 條及第 18 條保障人民之財產權、工作權、生存權及服公職等權利，且其溯及適用退除役人員，調降退除給與及優惠存款利息之過渡期間不足，顯已違

悖法律不溯既往、信賴保護原則及比例原則等憲法基本原則。倘放任系爭規定執行及違憲狀態持續，本案解釋結果縱有利於退除役及現役人員，卻因時間經過而毫無實益，已無法挽回人民權益遭到不當侵害之結果。縱現有行政救濟機制雖有停止執行、假處分等保全措施（訴願法第93條及行政訴訟法第116條、第298條參照），唯此僅係個案之救濟管道，且亦可能發生機關決定或法院裁判歧異之情形，無法全面完整防免系爭規定造成之損害，更難重建人民之信任，對憲法保障人民之法益所造成之損害，亦將至為深遠而難以回復。職是之故，鑑於系爭規定公布施行後發生之損害，事實上已屬全面而具急迫性，且無其他手段足資防免，據此敦請 大院做成暫時處分，避免人民基本權利遭受急迫性且難以回復之重大不利益，以確實維護人民基本權利。

伍、結論

綜上所述，系爭規定第3條、第26條、第29條、第

34 條、第 46 條、第 47 條、第 54 條等規定，損及人民受憲
法保障之財產權、工作權及生存權等權利，明顯違反憲法第
15 條生存權、工作權及財產權，第 18 條服公職之權利、第
23 條比例原則及司法院大法官相關解釋之意旨。上開系爭
規定顯有重大違憲之處，為此特請　大院鑑核，迅賜系爭規
定違憲之解釋，且於做成解釋之前，先予暫停系爭規定前開
爭議條文之施行，以免人民權益受損。

附件一 國防部 71 年 6 月 21 日永泊字第 2753 號函及
　　　　行政院人事行政局 71 年 10 月 13 日局壹字第
　　　　30083 號函（略）

附件二 政府財政收入之預測與分析（略）

附件三 軍職人員年金改革財務影響評估報告（略）

附件四 國防預算占中央政府總預算比率（略）

附件五 人員維持費佔國防預算比率（略）

國家圖書館出版品預行編目資料

八百壯士紀實：那485天，我們一起埋鍋造飯的日子 / 楊建平主編.
　－－第一版－－臺北市：宇炯文化 出版；
　紅螞蟻圖書發行，2019.6
　面 ； 公分－－（Discover；49）
　ISBN 978-986-456-314-2（軟精裝）

　1.社會運動 2.退役軍人 3.文集

541.4507　　　　　　　　　　　　　　108008755

Discover 49

八百壯士紀實：那485天我們一起埋鍋造飯的日子

主　　　編／楊建平
發 行 人／賴秀珍
執行編輯／何南輝
美術構成／沙海潛行
封面設計／引子設計
出　　　版／宇炯文化出版有限公司
發　　　行／紅螞蟻圖書有限公司
地　　　址／台北市內湖區舊宗路二段121巷19號(紅螞蟻資訊大樓)
網　　　站／www.e-redant.com
郵撥帳號／1604621-1　紅螞蟻圖書有限公司
電　　　話／(02)2795-3656（代表號）
傳　　　真／(02)2795-4100
登 記 證／局版北市業字第1446號
法律顧問／許晏賓律師
印 刷 廠／卡樂彩色製版印刷有限公司
出版日期／2019年 6 月　第一版第一刷

定價 480 元　港幣 160 元

敬請尊重智慧財產權，未經本社同意，請勿翻印，轉載或部分節錄。
如有破損或裝訂錯誤，請寄回本社更換。

ISBN 978-986-456-314-2　　　　　　　Printed in Taiwan